● バイリンガル叢書 ■

英語・フランス語どちらも話せる！

増強エクササイズ篇

久松健一 著

協力
Michel Gonçalves
Christophe Boléat

SURUGADAI-SHUPPANSHA

Design: dice

はじめに

　1. ばらばらな肌の色，服装もまちまち，そんな3人の外国人があなたの前にいたとしょう．さて，どう口火を切るか．

　最初は，日本語で「こんにちは」と声をかけてみる．1人はそれに応じるように軽く会釈を返してくれる．でも，残り2人の反応はなし．さあ，どうするか．無視してその場を立ち去るという身もふたもない対応はなしだ．ならば，おそらく，英語で声をかけてみるのではないだろうか．仮に，その人たちがアフリカ系だとわかったら，フランス語で声をかけるかもしれない（植民地主義の成果？として，フランス語を重要言語としている国・地域は現時点で全世界に50以上ある）．あるいは，日本語の話せないアジア人が3人だったとする．フィリピン人，タイ人，中国人であったとしたら，どうするか．Hello! Nice to meet you. 自分と3人のアジア人をつなぐ言語として，きっと英語を選択するに違いない．

　2. 英語は互いの母語が話せない人たちを結びつける有力な"中間言語"（交流のための言語）である．次いで，現在，有効な"中間言語"は，フランス語・スペイン語，あるいはイスラム文化圏が対象ならアラビア語といったところか．

　3. もういい加減，"「使えない」語学"は脱さないといけない！そう感じている人が大勢いるはずだ．しかし言うまでもなく，語学学習は，地道な努力を要する．単語を覚え，最低限の文法ルールに触れ，外国語を「見て，聞いて，読んで，話す」，その繰り返し．高い目標を掲げても，多くの人はやがて頓挫してしまう．

　でも，たとえば
- ▶ ラジオ体操が好きな人なら
- ▶ 月9（月曜日9時）のドラマを欠かさず見る人なら
- ▶ マラソン大会出場のために早朝に近所をランニングしている人なら
- ▶ 毎日お弁当を作る人なら
- ▶ 必ず化粧を落としてから床につく人なら

そして，
▷ 食後の歯磨きや就寝前のシャワー，サプリメントでの栄養補給などなど，日々繰り返している習慣を1つは持っている"あなた"なら「新しいことば」はきっとモノになる（少なくともその素養は十分にある）．

4. お金も，時間も，根気も，丸ごとなにもないというなら，それは無理な話だ．語学以前の人生設計にかかわる．また，努力をする前から，外国語は「難しい」という先入観の持主ならそれも諦めたほうがいい．時間の無駄だろう．

でも，何とかしたい．一日10分〜20分なら続けられる．それなら，いずれ外国語はモノになる．「日々」「楽しく」「焦らず」続ける．一ヶ月後，半年後，一年後，そこそこ外国語が使える自分に気づくはずだ．

5.「英語が喋れれば，話は別ですがね」（笑），「いやいや，フランス語なんてとてもとても」（苦笑）．こうした状況を本気で脱したいと願うなら，この叢書に賭けてみて欲しい．わたしは自分の知っていることを書くのではなく，自らが欲しいと思うことを物そうと決めて，この叢書を仕立てている．

Not important to write what I know, important to write what I want.

こう考えつつ，本書を，一心不乱，一気呵成に形にした．お役に立てる一冊に仕上がったと信じている．

久松 健一

記

協力者として，フランス人のMichel先生とスイス人のChristophe先生のお力を拝借，また，英語の校正は語学学校の主任をなさっておいでのカナダ人Peter先生，フランス語の校正には同僚Florence先生のお手もわずらわせた．深甚からの感謝を記したい．なお，上野大介さんには前作に引き続き，面倒な編集作業をご担当いただいた．ありがとうございました．

● 本書の特色と使い方 ●

英語・仏語を母語とする語学学校の先生たち，都合 17 人に聞いてみた．

発信型の学習が不足気味の"初級・中級レベルの人"（だいたい，英語をはじめて 2〜3 年，仏語をはじめて 2 年弱の方々）が「躓いている」と感じられる箇所はどのような点か？

返ってきた答をざっとまとめると，以下の 6 つの点があげられた．

(1) 抽象的な語彙は意外に知っているのに，ネイティヴなら子供でも使いこなせる基本の名詞や動詞がらみの表現で躓く．
(2) 基本的な形容詞に粗が目立つ．
(3) 日本語を英語やフランス語にそのまま置き換えたような，文型・構文のミスを冒す．
(4) 前置詞を粗略に扱う傾向がある．
(5) 接続詞で文章をつなぐ練習が欠けている．
(6) 法・時制のミスが目立つ．特に，未来時制や条件法・接続法をうまく使いこなせない．

上記の指摘に思い当たる節のある方にとって，本書は強い味方になるはずだ．

まずは，最後までざっと目を通してみよう！

本書の構成

1 章	基礎力確認エクササイズ ［簡単な単語・熟語で準備運動］
2 章	初級エクササイズ ［日常会話で反復エクササイズ］
3 章	中級エクササイズ ［定形会話から自由度アップの会話へ］
4 章	音読エクササイズ ［上級に向けて］

1章　基礎力確認エクササイズ　……………………　1〜13課

　単語のエクササイズからスタート．ここは，ネイティヴの子供たちが使う「辞書」をイメージして作成してみた．「油は液体です」「記憶力がいい」など，ネイティヴならば小学生でも口にできる言い回しであるはず．でも，初級・中級の方々は，こうした簡単な単語を組み合わせた文章がとっさに浮んでこない．

　発信する力をつけるには，基本的な語句を簡単な形で文章化でき，使えるようにしておく必要がある．また，熟語類は「口をついて出る」数をある程度増やすことが大事．「現金で」「ところで」「要するに」，こうしたひと言で言える決まり文句を記憶に定着させ，実際に会話で使えるためのフットワークをここで養おう．

2章　初級エクササイズ　………………………………　14〜25課

　日常会話と記憶しておきたい表現を集めた．あわせて，疑問詞の運用にまごついていると会話の流れに遅れをとってしまう．だから，意識的なエクササイズが必要になる．ここが，きちんと記憶に定着すれば，英語も仏語も自然と口に出る言い回しが増えてくる．楽しくなる．あれ？，思わず知らず，英語や仏語で夢を見たりするかもしれない！！

3章　中級エクササイズ　………………………………　26〜44課

　文型は外国語を組み立てるのに必須の約束．日本語の{S}+O+Vという語順を，抵抗なく英語・仏語のSVOに置き換えられないと会話の応用力養成はおぼつかない．また，前置詞・接続詞にも目を配り，"文法の難所"（実際はそうでもないのだが）と噂される接続法と条件法の運用力がないと「中級」の会話にはなりきらない．そうした点に照準を合わせたエクササイズを用意した．

4章　音読エクササイズ　　45〜54課

乱暴な分類かもしれないが，会話には以下の2つがある．
① 「パターン会話」（覚えていないとはじまらない）
② 「自由な会話」（力がないと話せない）
＊ちなみに，1〜2章で扱ったのは主に前者．

では，②の自由度の高い「会話力」を養成するにはどうしたらいいのか．

ひとつの回答が「音読」という昔からある優れた学習法．「暗記しよう」ではなく「ひたすら，繰り返し，繰り返し」読んでみる．できれば「少しでも早いスピードで」読み進めてみる．必要なら日本語訳は事前に見てもかまわない．はっきり意味のわかる文章を何度も，何度も繰り返す（簡単な箇所は英語のママ，仏語のママ，訳さずに理解するよう努めつつ）．「音読」は「聴く力」も「話す力」も無理なく育てる．たかが「音読」，されど「音読」．

実際に体感すればわかるはず．確実に"力がついている"と！音声の冒頭（「日英仏」ver のみ），ならびに本書の p.131 に，その効能を英語・フランス語で載せている．

―（追記）音読の内容についてひと言 ―

「音読」は何を読むかが重要なポイントになります．たとえば，中学校の教科書を読むのも捨てがたい方法．段階的に表現のレベルがあがり，語彙数も自然に増す流れだからです．ただ，中身がう〜〜ん，面白いものが少ない．大人には歯ごたえがないのです．名作を音読するのも有効な方法でしょう．ただし，名作には単語や表現に制約がありませんから，固有名詞や日常の会話に登場する機会がほぼゼロに近い語彙などが登場し，学習用には不向きな例が多い．言うまでもなくニュースの類は瞬く間に鮮度が落ちますし，昔話の類にははっきり向き不向きがあります．

そこで，悩み，考えたあげく，自分で書くことにしました．徐々にレベルがあがるよう工夫し，1章・2章の復習になるよう意識しながら，文章形態を変え，笑いの要素を入れたり，そのまま応用して会話で使えるような話題も織り込んで，10編を本書に載せました．

もちろん，すべて，ネイティヴにチェックをしてもらっています．目を通していただいた方々の国籍をアイウエオ順にあげれば，アメリカ，イングランド，カナダ，スイス，フランス，それと on Skype ですが，フィリピンとルーマニアに在住の方々です．20編以上を書き，取捨選択をして，学習効果を考えて並べたつもりです．着地点に難儀した箇所もないではないですが，著者の責任で最終調整を施し，仕上げています．

ページの構成

> 英語は unit，仏語は leçon で収録．英語の lesson は文法や語彙説明などを含むため，本書にはふさわしくない言い方と判断．あえて，英仏を揃えていない．

> MP3 CD-ROM には，「日・英・仏」だけでない複数のヴァージョンを収録．**学習者の目的に応じて，英語だけを学習，仏語だけを学習**など，バイリンガルにこだわらない工夫もしている．
> ※詳しい使い方は次ページ参照．

---

22 〈初級レベル整理〉
日常会話必須表現（疑問）

track 23

① 飲料に適した
→ est-ce que この水は飲んでも大丈夫ですか？
　　　　　　　　　　　　　　　　　　　　　　　　　　　　　□ able
　　　　　　　　　　　　　　　　　　　　　　　　　　　　　o drink?
　　　　　　　　　　　　　　　　　　　　　　　　　　　　　st potable ?

② 日本語がわかる
→ 倒置 誰か日本語がわかる方はいますか？
　　　　　　　　　　　　　　　　　　　　　　　　　　　se　❶ comprendre le japonais
　　　　　　　　　　　　　　　　　　　　　　　　　　　understands Japanese?
　　　　　　　　　　　　　　　　　　　　　　　　　　　comprenne le japonais ?

③ 砂糖を入れる
→ イントネーション コーヒーに砂糖は入れますか？
　　　　　　　　　　　　　　　　　　　　　　③ □ take sugar　❶ mettre du sucre
　　　　　　　　　　　　　　　　　　　　　　Do *you* take sugar **in your coffee**?
　　　　　　　　　　　　　　　　　　　　　　Vous mettez du sucre **dans votre café** ?
　　　　　　　　　　　　　　　　　　　　　　＊フランス語は prendre du sucre も使える．

④ 風呂に入る
→ 倒置 お風呂に入りましたか？
　　　　　　　　　　　　　　　　　　　　　　④ □ take a bath　❶ prendre un bain
　　　　　　　　　　　　　　　　　　　　　　Did *you* take **a bath**?
　　　　　　　　　　　　　　　　　　　　　　Avez-vous pris **un bain** ?

⑤ 窓を開ける
→ est-ce que 窓を開けてもいいですか？
　　　　　　　　　　　　　　　　　　　　　　⑤ □ open the window　❶ ouvrir la fenêtre
　　　　　　　　　　　　　　　　　　　　　　Can *I* open **the window**?
　　　　　　　　　　　　　　　　　　　　　　Est-ce que je peux ouvrir **la fenêtre** ?
　　　　　　　　　　　　　　　　　　　　　　＊許可を求める表現だが，May I ...? / Puis-je ...? を用いれば「〜してもよい丁寧な言い方になる．

⑥ 1週間ずっと
→ est-ce que 1週間ずっと雪だろうか？
　　　　　　　　　　　　　　　　　　　　　　⑥ □ all week　❶ toute la semaine
　　　　　　　　　　　　　　　　　　　　　　Will *it* snow **all week**?
　　　　　　　　　　　　　　　　　　　　　　Est-ce qu'il va neiger **toute la semaine** ?

062

> ３つの疑問文の形を指示することで作文練習をサポート．

> 左ページは，広い書き込みスペース．「読む」「聴く」に慣れてきたら「書く」でさらにステップアップ．

"*"で最低限の注意喚起や補足をした．意外にこうした箇所が記憶中枢を刺激したりする．

英仏語の色を分けただけでなく，両者の近似や異同がわかるように，英仏で対応箇所の活字を変えている．

音読パートの音源は2種類のスピードを収録した．[SLOW]は遅めのスピード，[NATURAL]は自然なスピード．できるだけ正確，かつ速いスピードで読む努力が上達への鍵．

― [4章のページ構成] ―

50 〈笑話〉No.4 ふたつの顔

Wordplay

The criticism that politicians have two faces is well known: It may remind one of Dr. Jekyll and Mr. Hyde. One President of the United States of America was particularly exposed to this same criticism. His name was Abraham Lincoln.

When he was told that someone had called him "two-faced," he replied, "If I were two-faced, would I be wearing this one?"

This wasn't an objection, it was humor. He was well aware of the fact that he was not good-looking.

言葉遊び

よく知られた批判がある．政治家はふたつの顔を持つと，ジキル博士とハイド氏を思い起こさせる．アメリカ合衆国の一人の大統領も同じ批判を浴びた．その人の名は，エイブラハム・リンカーン．

(次のように) 伝えられたとき，誰かが彼には「二面性」があると言っていると，彼はこう返事をした．「もし私にふたつの顔があるなら，こっちの顔を身につけたりするかい？」

これは反論ではなく，ユーモアだ（ユーモアで切り返したのだ）．彼はちゃんとわかっていた，自分は美男子でないと．

単語・表現
- criticism 图 批判，非難
- critique 図 批判
  *仏語 critique は 本 で「批評家」（英語は critic），図 で「批評の，批判的な」（英語は critical）を意味する語になる．
- two faces / deux visages

Jeu de mots

La critique selon laquelle les politiciens ont deux visages est bien connue : elle rappelle Dr. Jekyll et Mr. Hyde. Un président des États-Unis a été particulièrement exposé à cette critique. Son nom était Abraham Lincoln.

Quand on lui a dit que quelqu'un l'avait appelé « double face », il a répondu : « Si j'avais deux visages, porterais-je celui-ci ? »

Ce n'était pas une objection, mais un détournement par l'humour : il était bien conscient de ne pas être beau.

日本語はあくまで内容理解の促進に利用．英仏文を頭のなかで和訳をするのではなく，文章をそのままつかまえることができればベスト．

※4章のコツは，扉 p.111 参照．

付属音声の活用！

付属音声（MP3 CD-ROM）の内容

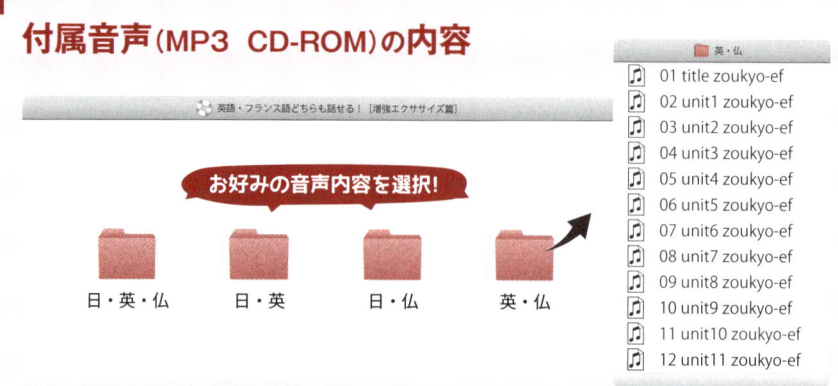

　MP3 CD-ROMを採用することで，本書は，2語を同時に音声学習できるとともに，英語・仏語を単独で学習することも可能にしました．

　英仏語を同時に学ぶ音声「日・英・仏」の1～3章，には音楽が入っています．ちょうど算数の九九を覚えるような感覚で，リズミカルな音を入れることで記憶中枢が刺激されると考えたからです．ただし，4章や「日・英」「日・仏」「英・仏」まで同じにするとかえって背景音が負担となると考え，意識的に音楽を入れていません．

　例文に補足した（　）内を読んでいる箇所と読んでいない箇所がありますが，本書のみで学習するケース（視覚）と音源を用いて学習するケース（聴覚）の差を意識し，読み上げのときには自然だと思われる方を適時選択しています．

　ざっと全体に目を通したら，2度目・3度目は音源を用いた耳と口のエクササイズです．「日本語-英語-フランス語」でも「日本語なし」のヴァージョンでも，とにかく，音声で1章から4章までを再確認します．その際，できるだけテキストは見ない．**わからない箇所が少々あっても気にしない．自分のペースで，耳でとらえ，口で反復します．** 言うなれば，耳に投げ込まれた日本語を英仏語で口で打ちかえす感覚です．

付属音声の使い方（「日・英・仏」ヴァージョン）

[1〜3章]

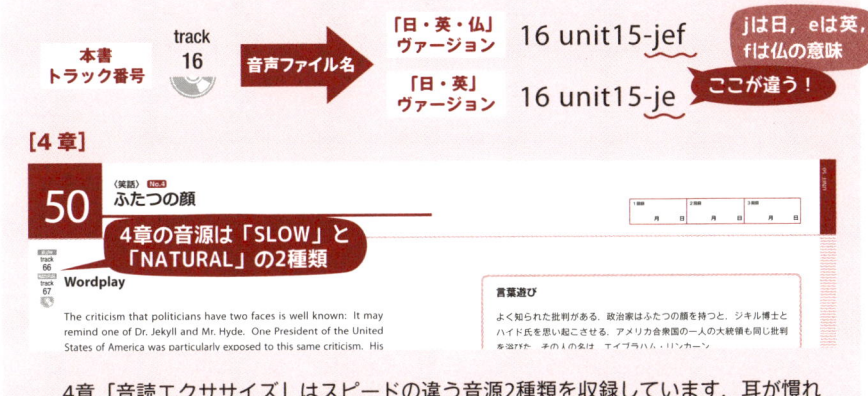

1〜3章は、1問に単語（語句）が複数ある場合は、ひとつの単語（語句）ごとに「日本語❶→英語❷→フランス語❸→日本語❹…」という順に音声が入っています．各課左上の音声トラック番号はすべてのヴァージョン共通の番号です．ただし各ヴァージョン，トラック番号以降の名前が下記のように変わります．

| 本書トラック番号 | track 16 | 音声ファイル名 | 「日・英・仏」ヴァージョン | 16 unit15-jef | jは日，eは英，fは仏の意味 |
| | | | 「日・英」ヴァージョン | 16 unit15-je | ここが違う！ |

[4章]

4章「音読エクササイズ」はスピードの違う音源2種類を収録しています．耳が慣れてきたらできるだけ自然なスピードを活用！　右ページの日本語は内容理解の為のものなので音声は未収録です．

詰まった箇所は，声に出し，書いてみましょう！

4度目以降はテキストを見ながら（あるいは音を聞きながら．自分にとってやりやすいように）例文を順に進め，間違えたり，答えに詰まった箇所は立ち止まって何度も声を出し，面倒でも1度，その文を書いてみてください．**声を出し，書くことで記憶は刺激され，確実に例文が定着していきます．できるだけ大きな字で書くのがお勧め！**

011

英語・フランス語達成計画表

「学びの記録」はいずれ「大きな宝」になります．

日々の歩みを是非記録してください．ミニメモに一言添えておくと，次回へ弾みがつきます．

続けられること，それが〈才能〉！〈あっ！〉，その変化に気づけば，力がついている証拠です．

まずは1章で準備運動！

1章　基礎力確認エクササイズ

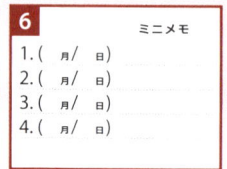

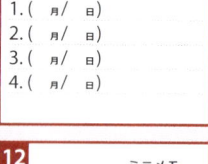

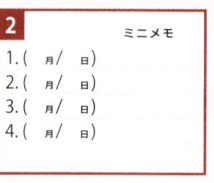

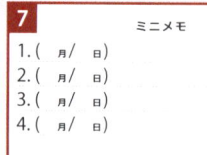

1　ミニメモ 1.(月/ 日) 2.(月/ 日) 3.(月/ 日) 4.(月/ 日)	6　ミニメモ 1.(月/ 日) 2.(月/ 日) 3.(月/ 日) 4.(月/ 日)	11　ミニメモ 1.(月/ 日) 2.(月/ 日) 3.(月/ 日) 4.(月/ 日)
2　ミニメモ 1.(月/ 日) 2.(月/ 日) 3.(月/ 日) 4.(月/ 日)	7　ミニメモ 1.(月/ 日) 2.(月/ 日) 3.(月/ 日) 4.(月/ 日)	12　ミニメモ 1.(月/ 日) 2.(月/ 日) 3.(月/ 日) 4.(月/ 日)
3　ミニメモ 1.(月/ 日) 2.(月/ 日) 3.(月/ 日) 4.(月/ 日)	8　ミニメモ 1.(月/ 日) 2.(月/ 日) 3.(月/ 日) 4.(月/ 日)	13　ミニメモ 1.(月/ 日) 2.(月/ 日) 3.(月/ 日) 4.(月/ 日)
4　ミニメモ 1.(月/ 日) 2.(月/ 日) 3.(月/ 日) 4.(月/ 日)	9　ミニメモ 1.(月/ 日) 2.(月/ 日) 3.(月/ 日) 4.(月/ 日)	
5　ミニメモ 1.(月/ 日) 2.(月/ 日) 3.(月/ 日) 4.(月/ 日)	10　ミニメモ 1.(月/ 日) 2.(月/ 日) 3.(月/ 日) 4.(月/ 日)	

2章　初級エクササイズ

14　ミニメモ 1.(月/ 日) 2.(月/ 日) 3.(月/ 日) 4.(月/ 日)
15　ミニメモ 1.(月/ 日) 2.(月/ 日) 3.(月/ 日) 4.(月/ 日)
16　ミニメモ 1.(月/ 日) 2.(月/ 日) 3.(月/ 日) 4.(月/ 日)
17　ミニメモ 1.(月/ 日) 2.(月/ 日) 3.(月/ 日) 4.(月/ 日)
18　ミニメモ 1.(月/ 日) 2.(月/ 日) 3.(月/ 日) 4.(月/ 日)
19　ミニメモ 1.(月/ 日) 2.(月/ 日) 3.(月/ 日) 4.(月/ 日)
20　ミニメモ 1.(月/ 日) 2.(月/ 日) 3.(月/ 日) 4.(月/ 日)

2章からいよいよ本番！

日常会話でエクササイズ！

つまずいても大丈夫！
見て、聴いて、書いて復習！

3章　中級エクササイズ

21 ミニメモ	26 ミニメモ	33 ミニメモ	40 ミニメモ
1.(月/ 日) 2.(月/ 日) 3.(月/ 日) 4.(月/ 日)	1.(月/ 日) 2.(月/ 日) 3.(月/ 日) 4.(月/ 日)	1.(月/ 日) 2.(月/ 日) 3.(月/ 日) 4.(月/ 日)	1.(月/ 日) 2.(月/ 日) 3.(月/ 日) 4.(月/ 日)

22 ミニメモ	27 ミニメモ	34 ミニメモ	41 ミニメモ
1.(月/ 日) 2.(月/ 日) 3.(月/ 日) 4.(月/ 日)	1.(月/ 日) 2.(月/ 日) 3.(月/ 日) 4.(月/ 日)	1.(月/ 日) 2.(月/ 日) 3.(月/ 日) 4.(月/ 日)	1.(月/ 日) 2.(月/ 日) 3.(月/ 日) 4.(月/ 日)

23 ミニメモ	28 ミニメモ	35 ミニメモ	42 ミニメモ
1.(月/ 日) 2.(月/ 日) 3.(月/ 日) 4.(月/ 日)	1.(月/ 日) 2.(月/ 日) 3.(月/ 日) 4.(月/ 日)	1.(月/ 日) 2.(月/ 日) 3.(月/ 日) 4.(月/ 日)	1.(月/ 日) 2.(月/ 日) 3.(月/ 日) 4.(月/ 日)

24 ミニメモ	29 ミニメモ	36 ミニメモ	43 ミニメモ
1.(月/ 日) 2.(月/ 日) 3.(月/ 日) 4.(月/ 日)	1.(月/ 日) 2.(月/ 日) 3.(月/ 日) 4.(月/ 日)	1.(月/ 日) 2.(月/ 日) 3.(月/ 日) 4.(月/ 日)	1.(月/ 日) 2.(月/ 日) 3.(月/ 日) 4.(月/ 日)

25 ミニメモ	30 ミニメモ	37 ミニメモ	44 ミニメモ
1.(月/ 日) 2.(月/ 日) 3.(月/ 日) 4.(月/ 日)	1.(月/ 日) 2.(月/ 日) 3.(月/ 日) 4.(月/ 日)	1.(月/ 日) 2.(月/ 日) 3.(月/ 日) 4.(月/ 日)	1.(月/ 日) 2.(月/ 日) 3.(月/ 日) 4.(月/ 日)

31 ミニメモ	38 ミニメモ
1.(月/ 日) 2.(月/ 日) 3.(月/ 日) 4.(月/ 日)	1.(月/ 日) 2.(月/ 日) 3.(月/ 日) 4.(月/ 日)

32 ミニメモ	39 ミニメモ
1.(月/ 日) 2.(月/ 日) 3.(月/ 日) 4.(月/ 日)	1.(月/ 日) 2.(月/ 日) 3.(月/ 日) 4.(月/ 日)

ここまでくれば脱初級！
3章でさらなる表現力を

いよいよ4章、音読エクササイズで上級への橋渡し！（4章の達成計画表は各課右上を利用）

目　次

はじめに　003
本書の使い方　005

1章　基礎力確認エクササイズ ［簡単な単語・熟語で準備運動］

1	〈基本単語確認〉 be 動詞 = être パターン No.1	018
2	〈基本単語確認〉 be 動詞 = être パターン No.2	020
3	〈基本単語確認〉 be 動詞 = être パターン No.3	022
4	〈基本単語確認〉 be 動詞 = être パターン No.4	024
5	〈基本単語確認〉 il y a 構文／数字 No.1	026
6	〈基本単語確認〉 il y a 構文／数字 No.2	028
7	〈基本単語確認〉 have = avoir No.1	030
8	〈基本単語確認〉 have = avoir No.2	032
9	〈基本語句・熟語確認〉 2語　会話表現の幅がひろがる No.1	034
10	〈基本語句・熟語確認〉 2語〜3語　会話表現の幅がひろがる No.2	036
11	〈基本語句・熟語確認〉 2語〜3語　会話表現の幅がひろがる No.3	038
12	〈基本語句・熟語確認〉 2語〜4語　会話表現の幅がひろがる No.4	040
13	〈基本語句・熟語確認〉 3語〜5語　会話表現の幅がひろがる No.5	042

2章　初級エクササイズ ［日常会話で反復エクササイズ］

| 14 | 会話で使用頻度の高い動詞を用いた基本表現 No.1 | 046 |
| 15 | 会話で使用頻度の高い動詞を用いた基本表現 No.2 | 048 |

16	会話で使用頻度の高い動詞を用いた基本表現 No.3	050
17	会話で使用頻度の高い動詞を用いた基本表現 No.4	052
18	会話で使用頻度の高い動詞を用いた基本表現 No.5	054
19	〈初級レベル整理〉日常会話必須表現（肯定）No.1	056
20	〈初級レベル整理〉日常会話必須表現（肯定：時制に注意）No.2	058
21	〈初級レベル整理〉日常会話必須表現（否定・限定）	060
22	〈初級レベル整理〉日常会話必須表現（疑問）No.1	062
23	〈初級レベル整理〉日常会話必須表現（疑問）No.2	064
24	〈初級レベル整理〉日常会話必須表現（疑問）No.3	066
25	〈初級レベル整理〉日常会話必須表現（命令：vouvoyer で）	068

3章　中級エクササイズ ［定形会話から自由度アップの会話へ］

26	1文型-①	072
27	1文型-②	074
28	2文型-①：be / être	076
29	2文型-②：be / être 以外	078
30	非人称	080
31	3文型-①：have / avoir No.1	082
32	3文型 No.2	084
33	仏語4文型	086
34	仏語5文型（英語4文型／3文型）	088
35	仏語6文型（英語5文型）	090

36	前置詞（場所）	092
37	前置詞（時間）	094
38	前置詞（その他） No.1	096
39	前置詞（その他） No.2	098
40	仏語の接続法を軸に	100
41	英語仮定法・仏語条件法	102
42	接続詞・接続詞句 No.1	104
43	接続詞・接続詞句 No.2	106
44	接続詞・接続詞句 No.3	108

4章　音読エクササイズ［上級に向けて］

45	〈ショートメッセージ〉No.1 自己紹介	112
46	〈ショートメッセージ〉No.2 友人への手紙	114
47	〈笑話〉No.1 蛇の会話	116
48	〈笑話〉No.2 羊飼いへのインタヴュー	118
49	〈笑話〉No.3 鼻と鼻	120
50	〈笑話〉No.4 ふたつの顔	122
51	〈ちょっといい話〉No.1 居酒屋の会話	124
52	〈ちょっといい話〉No.2 凧をあげる人	126
53	〈上級への足がかり〉No.1 時が流れりゃ、食事も変わる	128
54	〈上級への足がかり〉No.2 歴史と私	130

1章 基礎力確認 エクササイズ

[簡単な単語・熟語で準備運動]

1 〈基本単語確認〉 be 動詞 = être パターン No.1

① 油／液体
→ 油は液体です．

② 金／貴重な鉱物
→ 金は貴重な鉱物だ．

③ イチゴ／おいしいフルーツ
→ イチゴはおいしいフルーツです．

④ ディナー／晩の食事
→ ディナーは晩の食事のことです．

⑤ ハツカネズミ／小さな動物
→ ハツカネズミは小さな動物だ．

⑥ 蛇／脚のない動物
→ 蛇は脚のない動物だ．

＊左ページの訳語の「です・ます」「である」「だ」は統一しなかった．多様な日本語に無理なく対応できるようにと考えたからである．

---

① ⓔ oil / liquid　ⓕ l'huile / liquide
Oil *is* a liquid.
L'huile *est* un liquide.

＊「固体」は solid / un solide，「気体」は gas / un gaz という．なお，仏語の liquide は男性名詞として「現金」の意味でも使う（「現金を持っている」avoir du liquide）．

② ⓔ gold / a precious metal　ⓕ l'or / un métal précieux
Gold *is* a precious metal.
L'or *est* un métal précieux.

③ ⓔ strawberry / a delicious fruit　ⓕ la fraise / un fruit délicieux
Strawberry *is* a delicious fruit.
La fraise *est* un fruit délicieux.

④ ⓔ dinner / the evening meal　ⓕ le dîner / le repas du soir
Dinner *is* the evening meal.
Le dîner *est* le repas du soir.

⑤ ⓔ a mouse / a small animal　ⓕ la souris / un petit animal
A mouse *is* a small animal.
La souris *est* un petit animal.

⑥ ⓔ a snake / an animal without legs　ⓕ le serpent / un animal sans pattes
A snake *is* an animal without legs.
Le serpent *est* un animal sans pattes.

＊英語は人や動物の「脚」でも 椅子・テーブルの「脚」も leg で表現できるが，仏語は「（人間の）脚」une jambe と「（動物の）脚」une patte は区別する．また，家具類の「脚」には un pied（←「足」）を用いる．

2 〈基本単語確認〉 be 動詞 = être パターン No.2

① 鋼（はがね）／鉄／硬い（強い）
→ 鋼は鉄よりも硬い.

② 水／透明な
→ 水は透明だ.

③ あの男性／痩せすぎ
→ あの男性は痩せ過ぎだ.

④ この箱／とても重い
→ この箱はとても重い.

⑤ あのフルーツ／熟した
→ あのフルーツは熟していない.

⑥ 山の頂／雪で覆われる
→ 山頂は雪で覆われている.

① 🇬🇧 steel / iron / strong 🇫🇷 l'acier / le fer / dur(e)
Steel *is* stronger than iron.
L'acier *est* plus dur que le fer.
   ＊日本語になっている steel, iron といった語が意外に浮かばなかったりする．なお，金属の「強さ，丈夫さ，耐性」を形容する際に resistant / résistant(e) も使われる．

② 🇬🇧 water / pure 🇫🇷 l'eau / pur(e)
Water *is* pure.
L'eau *est* pure.

③ 🇬🇧 that man / too thin 🇫🇷 cet homme / trop maigre
That man *is* too thin.
Cet homme *est* trop maigre.
   ＊「太っている」は fat / gros(se) は使う際にはご注意を（せめて，overweight / en surpoids ぐらいにおさめたほうがいい）．

④ 🇬🇧 this box / very heavy 🇫🇷 cette caisse / très lourd(e)
This box *is* very heavy.
Cette caisse *est* très lourde.

⑤ 🇬🇧 that fruit / ripe 🇫🇷 ce fruit / mûr
That fruit *isn't* ripe.
Ce fruit *n'est pas* mûr.
   ＊「未熟な」という形容詞は green, unripe / vert(e) が使われる．

⑥ 🇬🇧 the top of the mountain / covered with snow
   🇫🇷 le sommet de la montagne / couvert(e) de neige
The top of the mountain *is* covered with snow.
Le sommet de la montagne *est* couvert de neige.
   ＊この例は "be 動詞＝être" という視点より，通常は，受動態という形で解されるもの．

3 〈基本単語確認〉
be 動詞 = être パターン No.3

track 04

① 私の祖国
→ 日本は私の祖国です．

② 光の都
→ パリは光の都です．

③ フランスの旗
→ 倒置 これはフランス国旗ですか？

④ （コーヒーが）薄い
→ このコーヒーは薄い．

⑤ 一番簡単な方法
→ それが一番簡単な方法です．

⑥ あなたの健康
→ それはあなたの健康によい．

① ⓔ my country　ⓕ mon pays
Japan *is* my country.
Le Japon *est* mon pays.
＊country / pays に所有格（所有形容詞）を添えると，「わが祖国，母国」という意味になる．

② ⓔ the City of Light　ⓕ La Ville Lumière
Paris *is* the City of Light.
Paris *est* la Ville Lumière.
＊la ville de lumière とも仏訳できるが，通常，「光の街」は la Ville(-)Lumière と呼ばれる．

③ ⓔ the French flag　ⓕ le drapeau français
Is this the French flag?
Est-ce le drapeau français ?

④ ⓔ weak　ⓕ léger(ère)
This coffee *is* weak.
Ce café *est* léger.
＊「(飲食物の味が)濃い」場合には strong / fort(e) が使われる．なお，コーヒーに対して仏語 faible「弱い」は，普通，用いない．

⑤ ⓔ the easiest way　ⓕ le moyen le plus simple
This *is* the easiest way.
C'*est* le moyen le plus simple.
＊フランス語の最上級が名詞のうしろに置かれる語順に注意（☞ p.023 ③）．

⑥ ⓔ your health　ⓕ votre santé
It'*s* good for your health.
C'*est* bon pour votre santé.
＊フランス語は pour la santé を用いても同義．

4 〈基本単語確認〉 *be* 動詞 = être パターン No.4

track 05

1. 金曜日
   → 今日は金曜日だ．

2. 正午／1日の真ん中
   → 正午とは1日の真ん中のことだ．

3. 冬／一番寒い季節
   → 冬は1年のなかで一番寒い季節です．

4. 北／南
   → 北は南の反対です．

5. 同い年
   → 彼らは同い年ではない．

6. 整頓された／彼のワンルームマンション
   → 彼のワンルームマンションはすべてがきちんと片づいていた．

1. 🇬🇧 Friday 🇫🇷 vendredi
   Today *is* Friday.
   Aujourd'hui, nous *sommes* vendredi.
   ＊英語は It's Friday. も可．仏語では，aujourd'hui はなくてもよい．また On est vendredi. / C'est vendredi. とも表現できる．

2. 🇬🇧 noon / the middle of the day 🇫🇷 midi / le milieu de journée
   Noon *is* the middle of the day.
   Midi *est* le milieu de journée.

3. 🇬🇧 winter / the coldest season 🇫🇷 l'hiver / la saison la plus froide
   Winter *is* the coldest season of the year.
   L'hiver *est* la saison la plus froide de l'année.

4. 🇬🇧 north / south 🇫🇷 le nord / le sud
   North *is* opposite to south.
   Le nord *est* à l'opposé du sud.

5. 🇬🇧 the same age 🇫🇷 le même âge
   They *are*n't the same age.
   Ils *ne sont pas* du même âge.
   ＊動詞 avoir を用いて，Ils n'ont pas le même âge. としても同義．

6. 🇬🇧 in order / his studio apartment 🇫🇷 en ordre / son studio
   Everything *was* in order in his studio apartment.
   Tout *était* en ordre dans son studio.
   ＊「(バスルームと台所の付いた) ワンルームマンション」studio apartment は米語，studio flat なら英語．

5 〈基本単語確認〉 il y a 構文／数字 No.1

① 四季
　→ １年には四季がある．

② 12ヶ月
　→ １年は12ヶ月です．

③ ７日
　→ １週間は７日である．

④ 24時間
　→ １日は24時間である．

⑤ 60分
　→ １時間は60分です．

⑥ 私の誕生日／４月１日
　→ 私の誕生日は４月１日です．

① ⓔ four seasons　ⓕ quatre saisons
There are four seasons in a year.
Il y a quatre saisons dans une année.
＊たとえば，「雨季」「乾季」という分類のみで四季のない国もある．

② ⓔ twelve months　ⓕ douze mois
There are twelve months in a year.
Il y a douze mois dans une année.

③ ⓔ seven days　ⓕ sept jours
There are seven days in a week.
Il y a sept jours dans une semaine.

④ ⓔ twenty-four hours　ⓕ vingt-quatre heures
There are twenty-four hours in a day.
Il y a vingt-quatre heures dans une journée.

⑤ ⓔ sixty minutes　ⓕ soixante minutes
There are sixty minutes in an hour.
Il y a soixante minutes dans une heure.

⑥ ⓔ my birthday / the first of April　ⓕ mon anniversaire / le premier avril
My birthday *is* the first of April.
Mon anniversaire *est* le premier avril.
＊英語は April (the) first ともいう．月の大文字・小文字の違い．

6 〈基本単語確認〉 ilya構文／数字 No.2

時間の分割

→ 1年は4つの季節に分かれる．春，夏，秋と冬である．

→ 1年は12ヶ月，52週，365日である．

→ 1日は24時間に分けられる．

→ 1時間は60分であり，1分は60秒である．

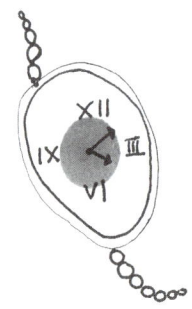

The Divisions of Time　Les divisions du temps

The year *is divided into* four seasons: spring, summer, autumn and winter.
L'année *se divise en* quatre saisons : le printemps, l'été, l'automne et l'hiver.
　＊落葉期の意から，fall を「秋」の意味で日常的に用いるのは米語．

In a year *there are* twelve months, fifty-two weeks and three hundred and sixty-five days.
Dans une année *il y a* douze mois, cinquante-deux semaines et trois cent soixante-cinq jours.

A day *is divided into* twenty-four hours.
Un jour *se divise en* vingt-quatre heures.

In an hour *there are* sixty minutes, and in a minute *there are* sixty seconds.
Dans une heure *il y a* soixante minutes, et dans une minute *il y a* soixante secondes.

単語・表現

- □ division　[名] 分割，区分
- ■ division　[女] 分割，区分
- □ divide A into B　A を B に分割する
　＊be divided「分割される」
- ■ diviser A en B　A を B に分割する
　＊se diviser は「分割される，分かれる」の意味．

7 〈基本単語確認〉 have = avoir No.1

① 金を持っている
→ イントネーション　お金持ってる？

② プールがある
→ 彼女の家にはプールがある．

③ 子供がいる
→ 倒置　お子さんはいますか？

④ 目が青い
→ 彼は目が青い．

⑤ 屋根が赤い
→ あの家は屋根が赤い．

⑥ （一本）虫歯がある
→ 私は虫歯がある．

① ⓔ have some money　ⓕ avoir de l'argent
Do you *have* any money?
Tu *as* de l'argent ?

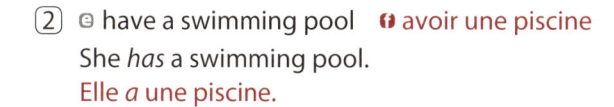

② ⓔ have a swimming pool　ⓕ avoir une piscine
She *has* a swimming pool.
Elle *a* une piscine.

③ ⓔ have a child　ⓕ avoir un enfant
Do you *have* any children?
Avez-vous des enfants ?
＊単数を用いた問いかけも可能だが，例示のように複数で問いかけるケースが多い．英語は kid も使える．

④ ⓔ have blue eyes　ⓕ avoir les yeux bleus
He *has* blue eyes.
Il *a* les yeux bleus.
＊His eyes are blue. / Ses yeux sont bleus. も同義．英仏の blue / bleu(e) の綴りは間違えやすい．

⑤ ⓔ have a red roof　ⓕ avoir un toit rouge
That house *has* a red roof.
Cette maison *a* un toit rouge.

⑥ ⓔ have a bad tooth　ⓕ avoir une dent cariée
I *have* a bad tooth.
J'*ai* une dent cariée.
＊英語は decayed tooth という言い方もする．あわせて，I have a cavity. でも「虫歯がある」の意になる（cavity は「虫歯の穴」の意味．仏語では 囡 cavité という）．

8 〈基本単語確認〉 have = avoir

① 子供が生まれる
→ 彼女は1月に赤ちゃんが生まれます.

② 単語／(ひとつの) 音節をもつ
→ 横浜「Yokohama」という単語は4音節です.

③ 意味がある
→ すべての単語に意味がある.

④ 美しい景色が見える／窓から
→ 窓から美しい景色が見える.

⑤ 記憶力がよい
→ 私の母は記憶力がいい.

⑥ 熱がある
→ 赤ちゃんは熱を出した.

① ⓔ have a baby　ⓕ avoir un bébé
She *is having* a baby in January.
Elle *va avoir* un bébé en janvier.

② ⓔ the word / have one syllable　ⓕ le mot / avoir une syllabe
The word "Yo-ko-ha-ma" *has* four syllables.
Le mot « Yo-ko-ha-ma » *a* quatre syllabes.

③ ⓔ have a meaning　ⓕ avoir un sens
Every word *has* a meaning.
Tous les mots *ont* un sens.

④ ⓔ have a lovely view / from the window　ⓕ avoir une belle vue / de la fenêtre
We *have* a lovely view from the window.
Nous *avons* une belle vue de la fenêtre.

⑤ ⓔ have a good memory　ⓕ avoir une bonne mémoire
My mother *has* a good memory.
Ma mère *a* une bonne mémoire.
＊仏語で mémoire（男性名詞）は「論文，報告書」の意味になる．

⑥ ⓔ have a fever　ⓕ avoir de la fièvre
The baby *had* a fever.
Le bébé *a eu* de la fièvre.
＊英語には have a temperature という言い方もあるが頻度は高くない．

9 〈基本語句・熟語確認〉
2語　会話表現の幅がひろがる No.1

① 現金で

② 一般に（普通, たいてい）

③ 無駄に（空しく）

④ オンラインで

⑤ 休暇中（休暇をとって）

⑥ 原則として（大筋として）

⑦ 適当に（でたらめに）

⑧ 誤って

① in cash
　en liquide
　＊仏語は en espèces としても同義.

② in general
　en général
　＊副詞 generally / généralement も同義.

③ in vain
　en vain

④ on line
　en ligne
　＊英語は online とも綴られる.

⑤ on holiday
　en vacances
　＊米語なら on vacation も使われる.

⑥ in principle
　en principe
　＊反意語の「詳細に」in detail / en détail,「実践的には」in practice / en pratique という. なお, on principle / par principe は「主義（信条）として」という熟語.

⑦ at random
　au hasard

⑧ by mistake
　par erreur

10 〈基本語句・熟語確認〉
2語〜3語　会話表現の幅がひろがる　No.2

track 11

① 電車で

② 現在（目下のところ）

③ 遅れずに（間に合うように）

④ 流行した

⑤ テレビで

⑥ 前もって（事前に）

⑦ 毎週

⑧ 毎週月曜日

① **by train**
   en train
   ＊ひろく「乗物に乗って」は，" by ＋乗物 / en ＋乗物 " が使われる．

② **at the moment**
   en ce moment

③ **in time**
   à temps
   ＊類義の on time / à l'heure は「時間どおりに，定刻に」の意味．

④ **in fashion**
   à la mode
   ＊be in fashion / être à la mode で「流行っている」という表現になる．

⑤ **on television**
   à la télévision
   ＊「ラジオで」なら on the radio / à la radio となる．

⑥ **in advance**
   à l'avance
   ＊「前もってありがとう（←よろしく頼みます）」Thank you in advance. / Merci d'avance. も覚えたい（d'avance は動詞のあとに置く）．

⑦ **every week**
   toutes les semaines
   ＊仏語 chaque semaine も可．

⑧ **every Monday**
   tous les lundis
   ＊フランス語では " 定冠詞 le ＋曜日 " でも「毎週〜曜日」の意味になる．

11 〈基本語句・熟語確認〉 2語〜3語　会話表現の幅がひろがる No.3

track 12

1. 結局（つまり）

2. たとえば

3. 要するに（手短かに言えば）

4. ところで

5. 先日

6. 突然

7. 偶然（たまたま）

8. 故障した

1. **after all**
   après tout
   * 「最終的に，ついに」in the end / à la fin も類義.

2. **for example**
   par exemple
   * 英語 for instance も同義.

3. **in other words**
   en d'autres mots
   * in short, in brief / en bref なども同義. なお，*Fly me to the moon* の歌詞，In other words, I love you. は知られている.

4. **by the way**
   au fait
   * 話題を切換える際の枕に.

5. **the other day**
   l'autre jour

6. **all of a sudden**
   tout à coup
   * 1語の副詞なら suddenly / soudain, soudainement などが類義.

7. **by chance**
   par hasard
   * by accident / par accident も同義.

8. **out of order**
   en panne

12 〈基本語句・熟語確認〉
2語〜4語　会話表現の幅がひろがる No.4

track 13

① 季節外れ（旬をはずれた）

② 高速で

③ ご参考までに

④ 特に何も

⑤ 遅かれ早かれ

⑥ できるだけ速く

⑦ だんだん良くなる

⑧ 10年以上（の）

① out of season
hors saison
  *hors(-)saison は「シーズンオフ（←和製語）の」off-season の意味にもなる．

② at high speed
à grande vitesse
  *ちなみに，フランスの新幹線 TGV は train à grande vitesse の略．

③ for your information
pour votre information
  *前置きをする際の少し堅苦しい言い回し．

④ nothing in particular
rien de particulier

⑤ sooner or later
tôt ou tard

⑥ as soon as possible
aussitôt que possible
  *メールでは ASAP と略される．フランス語 dès que possible も使う．

⑦ better and better
de mieux en mieux
  *「ますます」more and more / de plus en plus，「ときどき」from time to time / de temps en temps など類型は多い．

⑧ more than ten years
plus de dix ans

13 〈基本語句・熟語確認〉 3語〜5語　会話表現の幅がひろがる　No.5

track 14

① 賛成それとも反対

② 同時に

③ 2, 3年前

④ 昼食を食べた後

⑤ 週に1度

⑥ 天候にかかわりなく

⑦ 朝早く

⑧ さようならを言わないで

① for or against
pour ou contre

② at the same time
en même temps
*「(まったく) 同時に」simultaneously / simultanément は類義語.

③ a few years ago
il y a quelques années
*"il y a +時間(の要素)"で「〜前」の意味.

④ after having lunch
après avoir déjeuné
*after lunch / après le déjeuner としてもいい.

⑤ once a week
une fois par semaine

⑥ regardless of the weather
peu importe le temps

⑦ in the early morning
au début de la matinée
*仏語は，en début de matinée ともいう．「朝早くに」「早い時期に」(= early) の意味で de bonne heure という表現が使われることも多い.

⑧ without saying good-bye
sans dire au revoir

2章 初級 エクササイズ

[日常会話で反復エクササイズ]

14 会話で使用頻度の高い動詞を用いた基本表現 No.1

track 15

① 行く
　→ 車で行く

② 出かける
　→ ヴァカンス（休暇）に出かける

③ 訪れる
　→ ルーヴル美術館を訪れる

④ 到着する
　→ エッフェル塔に着く

⑤ 走る
　→ 10キロ走る

⑥ 煙草を吸う／歩く
　→ 歩きながら煙草を吸う

⑦ 乗る
　→ 始発電車に乗る

⑧ （写真を）撮る
　→ 写真を撮る

① 🇬🇧 go　🇫🇷 aller
go by car
aller en voiture

② 🇬🇧 go　🇫🇷 partir
go on vacation
partir en vacances

③ 🇬🇧 visit　🇫🇷 visiter
visit the Louvre Museum
visiter le musée du Louvre
＊「(人を) 訪問する」の意味では仏語は rendre visite à *qqn* あるいは aller voir *qqn* を用いる．

④ 🇬🇧 arrive　🇫🇷 arriver
arrive at the Eiffel Tower
arriver à la tour Eiffel

⑤ 🇬🇧 run　🇫🇷 courir
run ten kilometers
courir dix kilomètres

⑥ 🇬🇧 smoke / walk　🇫🇷 fumer / marcher
smoke while walking
fumer en marchant

⑦ 🇬🇧 take　🇫🇷 prendre
take the first train
prendre le premier train

⑧ 🇬🇧 take　🇫🇷 prendre
take a picture
prendre une photo
＊take a photo も用いるが，米語では take a picture が普通．

15 会話で使用頻度の高い動詞を用いた基本表現 No.2

track 16

1. (飲料を) 飲む
   → 水を飲む

2. (薬を) 飲む
   → 薬を飲む

3. (音を) 立てる
   → 音を立てる（騒ぐ）

4. (作る) いれる
   → コーヒーをいれる

5. (皿を) 洗う
   → 皿を洗う

6. (ゲームなどを) する
   → トランプをする

7. (楽器を) 演奏する
   → ピアノをひくのが好き

8. 暮らす（生活を送る）
   → 快適な生活を送る

① ⓔ drink　ⓕ boire
drink water
boire de l'eau
＊「飲む」の意味では have / prendre も使われる．

② ⓔ take　ⓕ prendre
take medicine
prendre un médicament

③ ⓔ make　ⓕ faire
make noise
faire du bruit

④ ⓔ make　ⓕ faire
make coffee
faire du café
＊brew coffee という言い方もある．

⑤ ⓔ do　ⓕ faire
do the dishes
faire la vaisselle
＊wash the dishes とも言う．

⑥ ⓔ play　ⓕ jouer
play cards
jouer aux cartes

⑦ ⓔ play　ⓕ jouer
like playing the piano
aimer jouer du piano

⑧ ⓔ live　ⓕ mener
live the good life
mener la grande vie
＊仏語で「暮らす」は vivre だが，ここは目的語 la grande vie の関係で mener「(生活を) 送る」が用いられる例．

16 会話で使用頻度の高い動詞を用いた基本表現 No.3

track 17

① 話す
→ 数カ国語を話す

② 思う／正しい（です）
→ 彼の言う通りだと思う

③ 大好き
→ 赤ワインが大好き

④ より好きである
→ 化学よりも数学が好き

⑤ 始める
→ 雨が降り出す

⑥ 終える
→ ひと仕事終える

⑦ （点灯）つける
→ テレビをつける

⑧ 忘れる／消す
→ 明かりを消し忘れる

① 🇬🇧 speak 🇫🇷 parler
speak several languages
parler plusieurs langues

② 🇬🇧 think / be right 🇫🇷 penser / avoir raison
think that he's right
penser qu'il a raison

③ 🇬🇧 love very much 🇫🇷 adorer
love red wine *very much*
adorer le vin rouge
＊英語 adore は，通常「(神を) 崇める，(人を) 敬慕する」という動詞．ただ，若い女性が飲食物が「大好き」の意味で使うことがないではない．

④ 🇬🇧 prefer 🇫🇷 préférer
prefer maths to chemistry
préférer les maths à la chimie

⑤ 🇬🇧 begin 🇫🇷 commencer
begin to rain
commencer à pleuvoir
＊始動にポイントを置いた言い方．英語は begin raining「雨が降り出している」(始動した後の現象に力点) も使う．また，類語の start は主に動作に，begin は事態の始動に使われる．仏語 se mettre à pleuvoir も類義だが，こちらは「想定外」(このケースなら「突然の雨」) という含意がある．

⑥ 🇬🇧 finish 🇫🇷 finir
finish a task
finir une tâche

⑦ 🇬🇧 turn on 🇫🇷 allumer
turn on the television
allumer la télévision

⑧ 🇬🇧 forget / turn off 🇫🇷 oublier / éteindre
forget to turn off the lights
oublier d'éteindre la lumière
＊éteindre l'électricité は英語 shut off electricity「電気を止める」(= couper l'électricité) に近い表現．「明かりを消す」の類義とは言えない．

17 会話で使用頻度の高い動詞を用いた基本表現 No.4

① なくす
　→ 財布をなくす

② (鍵を) かける
　→ ドアに鍵をかける

③ 見える
　→ ここから富士山が見える

④ 見つける
　→ 出口を見つける

⑤ におう
　→ 嫌なにおいがする

⑥ 買う
　→ ワンルームマンションを買う

⑦ 売る
　→ 中古車を売る

⑧ 待つ
　→ 絶好のチャンスを待つ

① ⓔ lose　ⓕ perdre
lose one's purse
perdre son porte-monnaie
＊「財布」wallet / portefeuille も使う．

② ⓔ lock　ⓕ fermer
lock the door
fermer la porte à clef

③ ⓔ see　ⓕ voir
see Mt. Fuji from here
voir le mont Fuji d'ici
＊「(意識的に) 見る」look at / regarder とは違って，「(自然に) 見える」の意味．

④ ⓔ find　ⓕ trouver
find the exit
trouver la sortie

⑤ ⓔ smell　ⓕ sentir
smell bad
sentir mauvais
＊smell terrible も可．「ひどくにおう」stink / puer という動詞もある．

⑥ ⓔ buy　ⓕ acheter
buy a studio apartment
acheter un studio

⑦ ⓔ sell　ⓕ vendre
sell a used car
vendre une voiture d'occasion

⑧ ⓔ wait for　ⓕ attendre
wait for the best opportunity
attendre la bonne occasion

18 会話で使用頻度の高い動詞を用いた基本表現 No.5

track 19

① 知る
→ よい歯医者を知っている

② （犬を）散歩させる
→ 犬を散歩させる

③ （手を）洗う
→ 手を洗う

④ 寝る
→ 仰向けに寝る

⑤ （場所から）起き上がる
→ 食卓を離れる

⑥ 送る
→ バースデーカードを送る

⑦ 稼ぐ
→ たくさんのお金を稼ぐ

⑧ （メガネなどを）身につけている
→ サングラスをかけている

① ⓔ know　ⓕ connaître
know a good dentist
connaître un bon dentiste

② ⓔ walk　ⓕ promener
walk a dog
promener un chien
＊フランス語の「散歩する」なら代名動詞 se promener を使う．

③ ⓔ wash　ⓕ se laver
wash one's hands
se laver les mains

④ ⓔ lie　ⓕ se coucher
lie on one's back
se coucher sur le dos
＊「うつぶせに寝る」は lie on one's stomach / se coucher à plat ventre という．

⑤ ⓔ stand up　ⓕ se lever
stand up from table
se lever de table

⑥ ⓔ send　ⓕ envoyer
send a birthday card
envoyer une carte d'anniversaire

⑦ ⓔ earn　ⓕ gagner
earn a lot of money
gagner beaucoup d'argent
＊英語は make に置き換えられる．

⑧ ⓔ wear　ⓕ porter
wear sunglasses
porter des lunettes de soleil
＊les lunettes noires という言い方もある．なお，「身につける」という動作なら put on / mettre を用いる．

055

19 〈初級レベル整理〉日常会話必須表現（肯定） No.1

track 20

① このデザート／おいしい
→ このデザートはおいしい．

② 座り心地がよい
→ この椅子は座り心地がいい．

③ 道に迷う
→ 道に迷いました．

④ この薬／8時間ごとに
→ 彼は8時間ごとにこの薬を飲んでいます．

⑤ 間違ったバスに乗る
→ バスを乗り間違えた．

⑥ 〜するのに慣れている
→ 私は5時30分に起きるのが習慣だ．

* 単語の誘導は名詞だけであったり，動詞も添えたりとばらばらに見えるが，「耳によるエクササイズ」を意識して意図的に統一を避けた．

① ⓔ this dessert / delicious　ⓕ ce dessert / délicieux(se)
This dessert is **delicious**.
Ce dessert est **délicieux**.
* delicious / délicieux(se) は，味も香りもよくて「おいしい」という意味合い．口語では good, nice / bon(ne) をよく使う．

② ⓔ comfortable to sit on　ⓕ confortable
This chair is **comfortable to sit on**.
Cette chaise est **confortable**.
* 英語の to sit on に相当する仏語 pour s'asseoir を添える必要はない．なお，仏語は confortable の代わりに agréable も使える．

③ ⓔ be lost　ⓕ être perdu(e)
I'm **lost**.
Je suis **perdu(e)**.
*「自らをなくす」と考える．ちなみに「パスポートをなくしました」なら I lost my passport. / J'ai perdu mon passeport. となる．

④ ⓔ this medecine / every 8 hours　ⓕ ce médicament / toutes les 8 heures
He takes **this medecine** every eight hours.
Il prend **ce médicament** toutes les huit heures.

⑤ ⓔ take the wrong bus　ⓕ prendre le mauvais bus
I took **the wrong bus**.
*J'*ai pris **le mauvais bus**.

⑥ ⓔ be used to　ⓕ avoir l'habitude de
I'm used to **getting up at 5:30**.
*J'*ai l'habitude de **me lever à 5h30**.
* 英語は動名詞をしたがえて，be used to ～ing となる点に注意．なお，時間を「5時半」half past five / cinq heures et demie としてもいい．

20 日常会話必須表現（肯定：時制に注意）No.2

〈初級レベル整理〉

① 現金で支払う
→ 現金で払います．

② 早く出発する
→ 私は明朝早く出発する予定です．

③ 天気予報
→ 予報では今週末は雨です．

④ 鍵を置き忘れる
→ 鍵を部屋に置き忘れました．

⑤ 2年前
→ 私は2年前は学生でしたが，今は弁護士です．

⑥ あの城を訪れる
→ いつか，あの城を訪れたい．

① ⓔ pay cash　ⓕ payer en liquide
I'll pay **cash**.
Je vais payer **en liquide**.
＊「現金で」は in cash（☞ p.035）だが，英語で「現金払い」は pay cash ということが多い．

② ⓔ leave early　ⓕ partir tôt
I'm going to **leave early** tomorrow morning.
Je vais **partir tôt** demain matin.
＊①の will はその場で「支払う」と決める感覚，②の be going to は予定を言う（仏語はどちらも aller + *inf.*）．なお，確実に決まっている行動，たとえば「明朝早く出発します」であれば I'm leaving early tomorrow morning. / Je pars tôt demain matin. が使われる．

③ ⓔ the weather forecast　ⓕ la météo
The weather forecast says it **will rain** this weekend.
La météo dit qu'il **pleuvra** ce weekend.

④ ⓔ leave the key　ⓕ laisser la clé
I've left **the key** in my room.
J'ai laissé **la clé** dans ma chambre.
＊「鍵」は clef とも綴る．現在完了と複合過去．

⑤ ⓔ two years ago　ⓕ il y a deux ans
Two years ago, I was **a student**, and now I'm a lawyer.
Il y a deux ans, j'étais **étudiant(e)**, et maintenant je suis avocat(e).
＊過去と半過去．

⑥ ⓔ visit that castle　ⓕ visiter ce château
Someday, I'd like to **visit that castle**.
Un jour, j'aimerais **visiter ce château**.
＊仏語 j'aimerais（条件法現在）はより鮮明に話者の願望が明示される点で，je voudrais の語気緩和（希望の含意）とは若干ニュアンスを異にする．

21 〈初級レベル整理〉
日常会話必須表現（否定・限定）

① 気分がいい
→ すみません，気分がよくありません．

② よく聞こえる
→ おっしゃっていることがよく聞こえません．

③ 食欲
→ 今朝は食欲がありません．

④ 5ドル
→ 彼は5ドルしか持っていない．

⑤ 会う
→ 私たちはもう二度と彼女に会うことはないだろう．

⑥ 申告する
→ 申告するものは何もありません．

① 🇬🇧 feel well　🇫🇷 se sentir bien
I'm sorry, I don't **feel well**.
*Je suis désolé(e), je ne **me sens** pas **bien**.*

② 🇬🇧 hear well　🇫🇷 entendre bien
I can't **hear you well**.
Je ne **vous entends** pas **bien**.
＊英語に合わせて，仏語を Je ne peux pas bien vous entendre. とするのはいささか説明的で，自然ではない．

③ 🇬🇧 appetite　🇫🇷 appétit
I have no **appetite** this morning.
Je n'ai pas d'**appétit** ce matin.
＊「食欲が旺盛である」は have a good appetite / avoir bon appétit と表現する．

④ 🇬🇧 five dollars　🇫🇷 cinq dollars
He only has **five dollars**.
Il n'a que **cinq dollars**.
＊「限定」の表現．only は修飾する語（句）の前に置くのが原則だが，会話では動詞の前に置かれるケースが多い．

⑤ 🇬🇧 see　🇫🇷 voir
We **will** never **see** her again.
Nous ne la **verrons** plus jamais.
＊「もはや決して〜ない」を ne … jamais plus とする語順は文章語．

⑥ 🇬🇧 declare　🇫🇷 déclarer
I have nothing to **declare**.
Je n'ai rien à **déclarer**.
＊税関で使われる定番の表現．なお，「申告するモノは？」Anything to declare? / Quelque chose à déclarer ? と問われて，No. / Non.（←ありません）と咄嗟に応じるのは意外に難しい．

22 〈初級レベル整理〉 日常会話必須表現（疑問） No.1

① 飲料に適した
→ est-ce que　この水は飲んでも大丈夫ですか？

② 日本語がわかる
→ 倒置　誰か日本語がわかる方はいますか？

③ 砂糖を入れる
→ イントネーション　コーヒーに砂糖は入れますか？

④ 風呂に入る
→ 倒置　お風呂に入りましたか？

⑤ 窓を開ける
→ est-ce que　窓を開けてもいいですか？

⑥ １週間ずっと
→ est-ce que　１週間ずっと雪だろうか？

① ⓔ safe to drink ⓕ potable
Is *the water* here **safe to drink**?
Est-ce que *l'eau* d'ici est **potable** ?
＊英語 drinkable という形容詞もあるが例文の方が自然な言い回し．

② ⓔ understand Japanese ⓕ comprendre le japonais
Is there *anyone* who **understands** Japanese?
Y a-t-il *quelqu'un* qui **comprenne** le japonais ?
＊フランス語は接続法が使われる点に注意．

③ ⓔ take sugar ⓕ mettre du sucre
Do *you* take sugar **in your coffee**?
Vous mettez du sucre **dans votre café** ?
＊フランス語は prendre du sucre も使える．

④ ⓔ take a bath ⓕ prendre un bain
Did *you* take **a bath**?
Avez-*vous* pris **un bain** ?

⑤ ⓔ open the window ⓕ ouvrir la fenêtre
Can *I* open **the window**?
Est-ce que *je* peux ouvrir **la fenêtre** ?
＊許可を求める表現だが，May I ...? / Puis-je ... ? を用いれば「〜してもよろしいですか？」とより丁寧な言い方になる．

⑥ ⓔ all week ⓕ toute la semaine
Will *it* snow **all week**?
Est-ce qu'*il* va neiger **toute la semaine** ?

23 〈初級レベル整理〉
日常会話必須表現（疑問） No.2

track 24

① 現地時間
→ 現地時間は何時ですか？

② 天気
→ 今日はどんな天気ですか？

③ （書物や紙面に）書いてある
→ それは何と書いてあるのですか？

④ 〜に興味がある
→ あなたはどんなことに興味がありますか？

⑤ サラダ
→ どんなサラダがありますか？

⑥ ラテン語を学ぶ
→ どうしてラテン語を学びたいの？

① ⓔ the local time　ⓕ l'heure locale
What's the local **time**?
Quelle est l'heure locale ?
＊直訳で「現地時間は何（どのよう）ですか？」となる形．

② ⓔ the weather　ⓕ le temps
What's the weather *like* **today**?
Quel temps **fait-il aujourd'hui** ?
＊天候を尋ねる定番の疑問文．英語は How is the weather today? も使う．

③ ⓔ say　ⓕ dire
What does it **say**?
Qu'est-ce que ça **dit** ?
＊書かれていることが読みとれない，あるいはメッセージが聞き取れないとき（←何と言っているのですか？）の意味で使われる表現．

④ ⓔ be interested in　ⓕ s'intéresser à
What are you **interested in**?
À quoi est-ce que vous **vous intéressez** ?

⑤ ⓔ salad　ⓕ la salade
What kind of **salad** do you have?
Qu'est-ce que vous avez comme **salade** ?
＊仏語を英語に揃えて，Quelle sorte de salade avez-vous ? とするのは不自然．

⑥ ⓔ learn Latin　ⓕ apprendre le latin
Why do you want to **learn Latin**?
Pourquoi veux-tu **apprendre le latin** ?
＊この問いには because / parce que を使って返事をすることが多い．

24 〈初級レベル整理〉
日常会話必須表現（疑問） No.3

track 25

① （値段）いくら
→ 全部でいくらですか？

② いくつの言語（何カ国語）
→ 彼は何カ国語を話せますか？

③ （回数）何回
→ この薬は1日に何回飲むのですか（←飲まなくてはなりませんか）？

④ （時間）どのくらい
→ 徒歩でどのくらいですか？

⑤ （単語・名前などを）どのように（何と）
→ Hello はフランス語で何と言いますか？

⑥ どこ
→ ここから一番近い地下鉄の駅はどこですか？

① ⓔ how much ⓕ combien
How much is it **all together**?
C'est *combien* **en tout** ?
＊en tout を用いずに，Ça fait combien ? としても「(全部で) いくらですか？」の意味になる．

② ⓔ how many languages ⓕ combien de langues
How many languages does he **speak**?
Combien de langues **parle**-t-il ?
＊can / pouvoir を用いない方が自然．ちなみに，「英語が話せますか？」なら Do you speak English? / Vous parlez anglais ? とするのが通例．

③ ⓔ how many times ⓕ combien de fois
How many times a day should I take **this medicine**?
Combien de fois par jour dois-je prendre **ce médicament** ?

④ ⓔ how long ⓕ combien de temps
How long does it take **on foot**?
Combien de temps faut-il **à pied** ?
＊on foot / à pied は「歩いて」を強調した言い方．なお by walk, by walking は正しい英語ではない．

⑤ ⓔ how ⓕ comment
How do you say "Hello" **in French**?
Comment dit-on «Hello» **en français** ?

⑥ ⓔ where ⓕ où
Where is the nearest **subway station**?
Où est **la station de métro** la plus proche ?
＊「この近くに地下鉄の駅はありますか？」Is there a subway station near here? / Y a-t-il une station (de métro) près d'ici ? も類義．

25 〈初級レベル整理〉
日常会話必須表現（命令：vouvoyer で）

① 日本語で話す
➡ 日本語で話してください．

② 両替する
➡ 100 ドルをユーロに両替してください．

③ 電話をかける
➡ 私から電話があったと彼にお伝えください．

④ まっすぐ行く
➡ （タクシー運転手に）まっすぐ行ってください．

⑤ ここで待つ
➡ ここでちょっと待っていてください．

⑥ （人の）邪魔をする
➡ 起さないでください．

① ⓔ speak in Japanese　ⓕ parler en japonais
Speak in Japanese, **please**.
Parlez en japonais, *s'il vous plaît*.

＊Say it to me in Japanese, please. / Dites-le moi en japonais, s'il vous plaît. も類義.

② ⓔ exchange　ⓕ changer
Exchange 100 dollars to euros, **please**.
Changez 100 dollars en euros, *s'il vous plaît*.

＊「両替する」には英語 change も用いるが，こちらは「お札を小銭に崩す」という感覚で使われるケースが多い．

③ ⓔ call　ⓕ téléphoner
Please tell him that I **called**.
Dites-lui que j'**ai téléphoné**, *s'il vous plaît*.

④ ⓔ go straight　ⓕ aller tout droit
Go straight, **please**.
Allez tout droit, *s'il vous plaît*.

＊ただし，町中で人に道を問われて返事をするなら（返答が相手にとってプラスの情報になるとわかっているので）please / s'il vous plaît は不要．

⑤ ⓔ wait here　ⓕ attendre ici
Wait here a moment, **please**.
Attendez ici un instant, *s'il vous plaît*.

⑥ ⓔ disturb　ⓕ déranger
Don't *disturb* **me**.
Ne **me** *dérangez* pas.

＊音を耳になじませれば問題はないのだが，仏語の否定命令の語順には注意．"Do Not Disturb" / « Ne pas déranger » は，ホテルのドアノブにかかっていれば『起さないで』，会議室の前に掲示されていたら『入室禁止』の意味．

3章

中級 エクササイズ

[定形会話から自由度アップの会話へ]

26　1 文型−①

① 私の姉（妹）は　ローマに　います．
　　　(S)　　　　　3　　(V)

② 彼女は　朝の　7時に　着いた．
　　(S)　　4　　3　　(V)

③ 彼は　今朝　フランスに　出発した．
　　(S)　4　　3　　　(V)

④ 父は　仕事で　パリに　行った．
　(S)　4　　3　　(V)

⑤ 彼女は　今月のはじめから　ここに　住んでいます．
　　(S)　　　　4　　　　　3　　　(V)

語句

- ▷ *be in Rome*　　▷ *arrive at seven o'clock*　　▷ *leave for France*　　▷ *go to Paris*
- ▶ être à Rome　▶ arriver à sept heures　▶ partir en France　▶ aller à Paris
- ▷ *on business*　　▷ *live here*　　▷ *since the beginning of the month*
- ▶ pour affaires　▶ habiter ici　▶ depuis le début du mois

* 基礎・初級の暗記会話（これを知らないと「話せない」段階）を卒業し，自分の言いたいことを自分の言葉で発信するには,英仏語の組み立て方（文型）が大切なポイントになる．これをしっかりと身につけ，今後，応用展開するための補助として 26 〜 35 課まで S/V 他の指示と語順を数字で示した．

① **My sister** *is* in Rome.
Ma sœur *est* à Rome.
＊〈S＋V〉で成立する 1 文型．場所や時間，様態などは「修飾語」(M) の扱い（いわゆる枝葉）で，文型には関係しない．

② **She** *arrived at* seven o'clock in the morning.
Elle *est arrivée* à sept heures du matin.
＊「朝の 7 時」は，at 7 a.m.（← am, A.M., AM の標記も可）も同義．ただし，(×) seven o'clock a.m. は不可，また a.m. は時刻を表す数字のうしろに置く．

③ **He** *left* for France this morning.
Il *est parti* en France ce matin.
＊set out for France も同義．フランス語では，partir pour la France も可だが，現在では en France とする方が普通．

④ **My father** *went* to Paris on business.
Mon père *est allé* à Paris pour affaires.
＊on business / pour affaires は入国審査でも使われる．「観光目的で」なら for sightseeing / en touriste を用いる．なお，英語の sightseeing は " 歩いて名所めぐりをするような「観光」" を指し，tourisme は " 観光業者によって段取りされた「観光」" を言う．

⑤ **She** *has been living* here since the beginning of the month.
Elle *habite ici depuis* le début du mois.
＊英語が現在完了進行形，仏語は現在形を用いる点に注意．

27　1 文型－②

① 毎朝　私は　6時ごろ　起きます．
  　　1　(S)　　　4　　　(V)

② 普段　私は　11時半に　寝ます．
  　　1　(S)　　　4　　　(V)

③ [君は]　昨夜　よく　眠れました　か？
  　(S) 2　　4　　3　　(V)　(did S / avez-S) 1

④ あなたは　カナダに　何日　滞在します　か？
  　(S)　　　4　　　1　　(V)　(will S / restrez-S) 2

⑤ 彼女は　いつ　京都から　戻った　のですか？
  　(S)　　1　　5　　(V)　(did S / est-ce que S) 2

語句

- ▷ *get up about six*　▷ *go to bed at 11:30*　▷ *sleep well*
- ▶ se lever vers six heures　▶ se coucher à 11 heures et demie　▶ bien dormir
- ▷ *how many days*　▷ *stay in Canada*　▷ *return from Kyoto*
- ▶ combien de jours　▶ rester au Canada　▶ rentrer de Kyoto

* 左ページの指示について：助動詞を用いた疑問文のケース，たとえば〈か (did S / avez-S)1〉の場合，英語は did で，仏語は avez-（複合過去倒置）ではじまる疑問文であることを示している．

① Every morning, **I** *get up* around six.
Chaque matin, **je** *me lève* vers six heures.
　*フランス語で「毎朝」は tous les matins あるいは le matin も使われる．

② Usually, **I** *go to bed* at half past eleven.
En général, **je** *me couche* à onze heures et demie.
　*頻度を表す副詞を文中に置くならば，I usually go to bed at eleven thirty./ Je me couche en général à onze heures et demie. となり英・仏語で副詞の置き位置が変わる．その意味から，特に会話では文頭に置く方が混乱がない．

③ **Did** you **sleep** *well* last night?
Avez-*vous bien* **dormi** hier soir ?
　*語句欄には通例の表記にならって bien dormir と示しているが，複合過去の場合，副詞 bien の位置に注意したい．なお，フランス語では「今夜」ce soir を用いることもできる．

④ How many days **will you stay** in Canada?
Combien de jours **resterez-vous** au Canada ?
　*質問された相手がまだカナダにいないケースを前提に．もし，今，カナダにいるなら現在形で問いかけることもできる．

⑤ When **did she** *return* from Kyoto?
Quand **est-ce qu'elle** *est rentrée* de Kyoto ?
　*英語は come back from Kyoto としても同義．

28 2文型－①：be / être

① 彼女は(S) 恥ずかしがり(C/A)3 ではない(V).

② 私の息子は(S) 年の割に4 とても背が高い(C/A)3 です(V).

③ 彼女は(S) 私よりも5 はるかに3 頭がいい(C/A)4 [です](V).

④ ヴァイオリンを弾くのは(S) 簡単(C/A)3 ではない(V).

⑤ この言語は(S) 学ぶのが4 難しい(C/A)3 です(V).

語句

- ⓔ ▷ *be shy* ▷ *for his age* ▷ *intelligent* ▷ *play the violin*
- ⓕ ▶ être timide ▶ pour son âge ▶ intelligent(e) ▶ jouer du violon
- ⓔ ▷ *this language* ▷ *learn*
- ⓕ ▶ cette langue ▶ apprendre

* C/A は英語の補語 complement，フランス語の属詞 attribut を指す．

① **She** *isn't* shy.
  Elle *n'est* pas timide.
  *shy / timide は「人見知りする」とも訳せる．なお，否定の補助表記は (not / ne … pas [plus] [jamais]) といったように煩瑣で，位置の指示も厳密を期すと複雑になりすぎることから，(V) に抱き合わせることにした．

② **My son** *is* very tall for his age.
  Mon fils *est* très grand pour son âge.
  *この前置詞 for / pour は「割合・比較」を表す．

③ **She** *is* much more intelligent than me.
  Elle *est* beaucoup plus intelligente que moi.
  *比較級を強める際に，英語は much あるいは far が使われ，仏語は beaucoup を使う．

④ **To play the violin** *isn't* easy.
  Jouer du violon *n'est* pas facile.
  *英語は動名詞 playing the piano を主語にすることもできる．

⑤ **This language** *is* difficult to learn.
  Cette langue *est* difficile à apprendre.
  *仮主語を用いて例文を書き換えれば It's difficult to learn this language. / Il est difficile d'apprendre cette langue. となる．

29　2文型−②：be / être 以外

① 母は　驚いた　ような顔をしている．
　(S)　(C/A)3　(V)

② 赤ちゃんは　眠　そうだった．
　(S)(C/A)3　(V)

③ ひとり息子は　歯医者に　なった．
　(S)　3(C/A)3　(V)

④ [それは]　いい　におい　[がする]．
　(S)　(C/A)3　(V)

⑤ 彼女は　知らせを聞いて　青く　なった．
　(S)　4(C/A)3　(V)

語句

- ▷ look surprised
- ▶ avoir l'air surpris(e)
- ▷ smell good[nice]
- ▶ sentir bon
- ▷ seem to be asleep
- ▶ sembler dormir
- ▷ turn pale
- ▶ devenir pâle
- ▷ become a dentist
- ▶ devenir dentiste
- ▷ at the news
- ▶ en apprenant la nouvelle

① **My mother** *looks* surprised.
Ma mère *a l'air* surprise.
＊look / avoir l'air「(外見・様子が) 〜のように見える」の意味.

② **The baby** seemed *to be asleep*.
Le bébé semblait *dormir*.
＊seem / sembler「(主観的に) 〜のように思われる」の意味. 類義の appear / paraître は「(客観的に) 〜ように思われる」という意味合い.

③ **My only son** *became* a dentist.
Mon fils unique *est devenu* dentiste.

④ **It** *smells* good.
Ça *sent* bon.
＊「いいにおい」は smell nice ともいう. 逆に, 悪臭, たとえば「このソックスはくさい」なら These socks smell (bad). / Ces chaussettes sentent mauvaises. といった言い方をする.

⑤ **She** *turned* pale at the news.
Elle *est devenue* pâle en apprenant la nouvelle.
＊pâlir という動詞もあるが, devenir pâle の方が頻度は高い.

30 非人称

track 31

① 京都の 夏は 暑い．
　　(S)→　4　　3　(V)

② 先週の金曜日から 雨が降っている．
　　(S)→　　3　　　　　(V)

③ 明日は おそらく 雪にはならないだろう．
　　(S)→　4　　2/3　　　　(V) 3/2

④ 空港へ行くのに ２時間 かかります．
　　(S)→　　4　　　3　　(V)

⑤ ここから横浜までは どれくらい ありますか？
　　(距離)　　　3　　　1　　(V-S) 2

語句

- ▷ be hot / ▶ faire chaud
- ▷ rain / ▶ pleuvoir
- ▷ since last Friday / ▶ depuis vendredi dernier
- ▷ snow / ▶ neiger
- ▷ between here and Yokohama / ▶ entre ici et Yokohama
- ▷ take / ▶ falloir
- ▷ go to the airport / ▶ aller à l'aéroport

080

*文型の観点からのひとくくりは乱暴だが，発信力を養うには「非人称」をまとめて記憶する方が効率的．ただ，ポイントを日本語に表れない非人称（主語 it/ il）に置き，ここは，補語／属詞，目的語などの指示を添えていない．

① **It**'s *hot* in summer in Kyoto.
   Il *fait chaud* en été à Kyoto.

② **It** *has been* raining since last Friday.
   Il *pleut depuis* vendredi dernier.

③ **It** probably *won't snow* tomorrow.
   Il *ne neigera* probablement *pas* demain.
   *副詞の置き位置が英仏で違う．なお，仏語で文頭に probablement を置くと，文章語でうしろの主語と動詞が倒置されることがある．

④ **It** takes two hours *to go to* the airport.
   Il faut deux heures *pour aller* à l'aéroport.
   *仏語は Ça prend deux heures pour aller à l'aéroport. と書き換えられる．

⑤ How *far is* **it** between here and Yokohama?
   Quelle distance **y a-t-il** *entre ici* et Yokohama ?
   *「（時間）どのくらい」なら how long / combien de temps を用いる．
   例：歩いてどのくらいですか？
      How long does it take on foot? / Ça prend combien de temps à pied ?

31　3文型−①：have / avoir　No.1

①　おじは　ニースに　別荘を　持っています．
　　(S)　　　4　　(O)3　　(V)

②　[あなたは]　今日の午後　会議が　あります　か？
　　(S)　　　　4　　　(O)3　　(V)　(do S / avez-S) 2

③　祖父は　記憶力が　いい　[です]．←よい記憶力を持つ
　　(S)　　(O)3　　(V)

④　私には　やるべき　仕事が　たくさん　ある．
　　(S)　　　5　　(O)4　　3　　(V)

⑤　私の上司は　ユーモアのセンスが　ない．
　　(S)　　　　(O)3　　　　　(V)

語句

- ▷ have a cottage
  ▸ avoir une maison de campagne
- ▷ have a meeting
  ▸ avoir une réunion
- ▷ work to do
  ▸ travail à faire
- ▷ have a sense of humo(u)r
  ▸ avoir le sens de l'humour

082

* 3文型に使われる動詞は他動詞で，直接目的語 (O)（フランス語では直接目的補語）を必要とする文型．まずはその代表格で応用範囲の広い have ＝ avoir（「所有」「考え」「記憶」「感情」「体」「時間」「病気」など多様な"持つ"に対応）から．

① **My uncle** *has* a cottage in Nice.
   Mon oncle a une *maison* de campagne à Nice.
   *フランス語で「(英国風の) コテージ, 山荘」を指して un cottage を使うケースもあるが，ひろく「別荘」の意味では une maison de campagne が使われる．ただし，軽井沢などの「別荘」とは少々趣きが違う．a holiday house / une résidence secondaire とも言える．

② **Do you** *have* a meeting this afternoon?
   Avez-**vous** une réunion cet après-midi ?

③ **My grandfather** *has* a good memory.
   Mon grand-*père* a une bonne mémoire.
   *英語には「よい記憶力」a retentive memory という言い方もある．

④ **I** *have* a lot of work to do.
   J'*ai* beaucoup de travail à faire.

⑤ **My boss** *doesn't have* a sense of humo(u)r.
   Mon patron *n'a pas* le sens de l'humour.
   *英語は humour, 米語は humor と綴る．仏語 le sens は省いて avoir de l'humour としても同義．

32 3文型 No.2

① 息子は ラジオを聞くのが 好きだ.
　　(S)　　　(O)3　　　(V)

② 私は 通りで おじに 会った.
　(S)　4　(O)3　(V)

③ 彼は うっかり 花瓶を こわしてしまった.
　(S)　　4　　(O)3　　(V)

④ 彼らは スイスで 半年 過ごした.
　(S)　　4　　(O)3　(V)

⑤ 私は 彼女が正しい とは 思わない.
　(S)　(O)4　　3　(V)

語句

- ▷ listen to the radio　▷ on the street　▷ by accident
- ▶ écouter la radio　▶ dans la rue　▶ sans le faire exprès
- ▷ spend six months　▷ be right
- ▶ passer six mois　▶ avoir raison

① **My son** *likes* **listening to the radio.**
Mon fils *aime* **écouter la radio.**
　＊listen / écouter は「(意識して) 聞く」, hear / entendre は「(自然に) 耳に入る, 聞こえる」の意味. かつてヒアリング (hearing test) と呼ばれていたものが, リスニング (正しくは listening comprehension test) と改められた. 宜なるかな.

② **I** *met* **my uncle on the street.**
J'ai* **rencontré mon oncle dans la rue.**
　＊「通りで」は英語では in the street, 米語では on the street の頻度が高いとされる.

③ **He** *broke* **a vase by accident.**
Il *a cassé* **un vase sans le faire exprès.**
　＊by accident は on purpose「故意に」の反意語で,「たまたま, 偶然」の意味. sans le faire exprès は「それを故意にしてはいない」が直訳.

④ **They** *spent* **six months in Switzerland.**
Ils *ont passé* **six mois en Suisse.**
　＊passer は自動詞としても使われるが, その際には, 助動詞 être が使われる点に注意.

⑤ **I** *don't* **think that she is right.**
Je *ne pense* **pas qu'elle ait raison.**
　＊仏語 que 以下が接続法になる点に注意 (略式では直説法を用いるケースもないではない). 和訳は「正しくないと思う」とも訳せる. なお,「とは」の箇所が that / que に相当することを意識して欲しいと考え ③ の番号を添えたが, 文法的には that / que 節以下全体が直接目的語になる.

33 仏語4文型

① あらゆる物体は(S) 万有引力の法則に(OI)3 従う(V).

② 私の部屋は(S) セーヌ川に(OI)3 面しています(V).

③ 彼は(S) 祖父に(OI)3 似ている(V).

④ 私は(S) 彼の助けを(OI)3 あてにしている(V).

⑤ 彼女は(S) 経験が(OI)3 不足している(V).

語句

- ▷ obey
- ▶ obéir à
- ▷ the law of universal gravitation
- ▶ la loi de la gravitation universelle
- ▷ overlook
- ▶ donner sur
- ▷ look like
- ▶ ressembler à
- ▷ count on
- ▶ compter sur
- ▷ lack
- ▶ manquer de
- ▷ an experience
- ▶ une expérience

*OI は間接目的語（前置詞＋名詞）を指す（仏語では，正式には間接目的補語 COI と呼ばれる）．なお，英語は"前置詞＋名詞"は修飾語と分類されるため，この文型については英語と仏語でとらえ方に差が出る．

① **Every object** *obeys* **the law of universal gravitation.**
Tout objet *obéit* **à la loi de la gravitation universelle.**

＊obey / obéir à の差異に関して多くの教科書や参考書は「彼はけっして彼女の言うことをきかない」といった用例をあげているが，英仏に直せば He never listens to her. / Il ne l'écoute jamais. とする方が自然．意外に「従う」の実用例は限られる．

② **My room** *overlooks* **the Seine River.**
Ma chambre *donne* **sur la Seine.**

＊英語は3文型（overlook は「(場所や建物が) 〜の見晴らしのきく位置にある」という動詞)，フランス語は donner sur「〜に面する」の4文型．

③ **He** *looks like* **his grandfather.**
Il *ressemble à* **son grand-père.**

＊外見も性質も「似ている」の意味では look like が使われる．resemble は一般的な類似，人に用いると「外見だけの類似」という感覚．なお，血縁関係のある年長者に「似ている」なら take after が使われる．

④ **I'm** *counting on* **his help.**
Je *compte sur* **son aide.**

＊英語は1文型，仏語は4文型と通常は分類される（仏和辞書を引けば，compter sur に間接他動詞の指示がある．ただし，これを自動詞としているケースは，言うなれば英語の文型に添った考えをしている辞書)．

⑤ **She** *lacks* **experience.**
Elle *manque* **d'expérience.**

＊She is lacking in experience. も同義．ただし，(×) She is lacking experience. とは言わない．

34 仏語5文型（英語4文型／3文型）

① 彼は 私に いくらかお金を くれた．
　(S)　(IO) 3　　(DO) 4　　(V)

② [あなたは] [私に] お金をいくらか 貸してくれませんか？
　(S) 2　(IO) 3　　(DO) 4　　(V) can + S / pouvez + S

③ 私は 彼に 杉村氏(さん)を知っているか[かどうか] 聞いてみよう．
　(S)　(IO) 3/2　　(DO) 4　　(V)

④ [あなたは] 彼女に 本当のことを 言いましたか？
　(S) 2　(IO)　(DO)　(V) did + S / est-ce que + S?

⑤ この諺を 私に 説明して ください．
　(DO) 2　(IO) 3/2　(V) 1　　4

語句

- ▷ *give some money* ▷ *lend some money* ▷ *ask*
- ▶ donner de l'argent ▶ prêter de l'argent ▶ demander
- ▷ *know Mr. Sugimura* ▷ *tell the truth* ▷ *explain* ▷ *proverb*
- ▶ connaître M. Sugimura ▶ dire la vérité ▶ expliquer ▶ proverbe

*英語は 4 文型と 3 文型の置き換えができるが，フランス語では英語の 4 文型に相当する語順はとれない．

---

① **He** *gave* **me** some money.
Il m'*a donné* de l'argent.
　*英語は He gave some money to me. と言えるが，仏語は直接目的が「物」，間接目的語が「人」の形（英語の 3 文型の形状の）可で，この語順を置き換える形はない．

② *Can* **you** lend **me** some money?
Pouvez-**vous me** prêter de l'argent ?
　*相手への依頼．Could you ～? / Pourriez-vous ～? とすれば丁寧な言い回しになる．

③ **I'll** *ask* **him** if he knows Mr. Sugimura.
Je lui *demanderai* s'il connaît M. Sugimura.
　*if 節 / si 節が直接目的語という形．直接話法で書けば下記のように書ける．
　I'll ask him, "Do you know Mr. Sugimura?"
　Je lui demanderai : « Connaissez-vous M. Sugimura ? »

④ *Did* **you** tell her the truth?
Est-ce que **vous** lui avez dit la vérité ?
　*たとえば Did you tell the truth to her? とすれば英語は 3 文型となる．

⑤ Explain this proverb **to me**, *please*.
Expliquez-**moi** ce proverbe, *s'il vous plaît*.
　*動詞 explain は 4 文型では使えない動詞（例文は 3 文型）．仏語はこの形で 5 文型．

35 仏語6文型（英語5文型）

① [私は] この雑誌は とても面白 かった [と思った].
　　(S)　　(DO)3　　　(C/A)4　　　(V)

② 彼は ドアを あけっぱなしに しておいた.
　(S)　(DO)3　　(C/A)4　　　(V)

③ 私は そのネコを Pochi と 名づけた.
　(S)　(DO)3　　(C/A)4　　(V)

④ なぜ人は泣くのか（←何が 人を 泣かせる のですか）？
　　(S) what/ qu'est-ce qui　(DO)3/4　(C/A)4/3　(V)

⑤ こんな [状態にいる] 彼を見ると [私は] 悲しく なる.
　(S)→　6　　　　　　(S')5　(OD)3/2　(C/A)4　(V)2/3

語句

e	▷ find	▷ leave	▷ call	▷ make	▷ make	▷ in this state
f	▶trouver	▶laisser	▶appeler	▶faire	▶rendre	▶dans cet état

* 英語の補語／仏語の属詞は直接目的と等価の関係を持つ文章構成.

① I *found* this magazine very interesting.
J'*ai* trouvé ce magazine très intéressant.

　*This magazine is very interesting.〈this magazine ＝ very interesting〉/ Ce magazine est très intéressant.〈ce magazine ＝ très intéressant.〉という2文型〈S ＋ V ＋ C / S ＋ V ＋ A〉を包含した文型.

② **He** *left* the door open.
Il *a* laissé la porte ouverte.

　*仏語の属詞 ouvert(e) が直接目的語 la porte に性数一致する点に注意.

③ I *called* the cat Pochi.
J'*ai* appelé le chat Pochi.

　*ちなみにネコの名前として多いのは，英語では Max, Tigger, Kitty, 仏語では Minette, Chipie, Tigrou などが浮かぶ.

④ What makes **men** *cry*?
Qu'est-ce qui fait *pleurer* **les hommes** ?

　*いわゆる使役の文章．what / qu'est-ce qui が主語になる．

⑤ It *makes* me sad to see him in this state.
Ça me *rend* triste de le voir dans cet état.

　*it / ça が仮主語で，to do / de ＋ *inf.* の箇所が真主語とされる形.

　It　makes　me　sad　to see him in this state ．
　S　　V　　DO　C　　　　S'

36 前置詞（場所）

① 彼女の父親の膝の上
  → Mary（Marie）は父親の膝の上です．

② 東から昇る
  → 太陽は東から昇る．

③ カフェの前で
  → カフェの前であなたを待ちます．

④ コンビニの先を左に曲がる
  → コンビニの先を左に曲がってください．

⑤ 駅まで
  → おばが駅まで私たちを送ってくれた．

＊前置詞はいわば言葉の枝葉の部分とされ，軽んじられる．事実，前置詞はまずは at と with だけでよしとする学習法もあるほど．あやしげな語学力育成が目的ならともかく，中級・上級と着実に階段をのぼるなら，そのあり方はあまりに乱暴だ．細かな目配りが隙のない語学力を養成する．

① 🇬🇧 on her father's knees 🇫🇷 sur les genoux de son père

Mary is *on her father's knees*.
Marie est *sur les genoux de son père*.

＊on / sur は「場所の上に（←表面に接触して）」の意味．したがって，「壁面に（接して）」on the wall / sur le mur，「天井に（接して）」on the ceiling / sur le plafond といったように使われる．

② 🇬🇧 rise in the east 🇫🇷 se lever à l'est

The sun rises *in the east*.
Le soleil se lève *à l'est*.

＊単純に "「〜から」→ from / de" とはならない例．別例，「窓から外を見る」look out of the window / regarder par la fenêtre となる．

③ 🇬🇧 in front of the café 🇫🇷 devant le café

I'll wait for you *in front of the café*.
Je vous **attends** *devant le café*.

＊「うしろ」なら前置詞 behind / derrière を用いる．

④ 🇬🇧 turn left after the convenience store 🇫🇷 tourner à gauche après la supérette

Turn left after **the convenience store**, please.
Tournez à gauche après **la supérette**, s'il vous plaît.

＊なお人に道を教えて，「この道を真っ直ぐ進んでください」と言うケースなら，Go straight down this street. / Allez tout droit.（あるいは Suivez cette route.）といった言い方をする．

⑤ 🇬🇧 up to the station 🇫🇷 jusqu'à la gare

My aunt took us *up to the station*.
Ma tante nous a accompagné(e)s *jusqu'à la gare*.

＊up to / jusqu'à は「距離・時間・程度・数量」などに用いて「〜まで」「〜に至るまで」の意味（例：「50 まで数える」count up to fifty / compter jusqu'à cinquante）．

37 前置詞（時間）

① 10時に
 ➡ 試験は10時からはじまる．

② 1週間（ずっと）
 ➡ 1週間ずっと雨です．

③ 1日に3回
 ➡ 彼女は日に3回歯を磨く．

④ 1日か2日のうちに
 ➡ その仕事は1日か2日でできます．

⑤ （草木が）春に咲く
 ➡ 桜は春に咲く．

① ⓔ at ten　ⓕ à dix heures
The examination begins *at ten*.
L'examen commence *à dix heures*.
＊例文の「10 時から」は「10 時に」と考える．なお，仏語の l'examen は合格点が決まっている中間試験（＝ a mid-term examination）のような試験を指すのに対して，le concours は合格者の人数が決まっている入試（＝ an entrance examination）のような試験をいう．

② ⓔ for a week　ⓕ depuis une semaine
It has been raining *for a week*.
Il pleut *depuis une semaine*.
＊英語は現在完了進行形（継続）であるのに対して，仏語は現在形を用いる．

③ ⓔ three times a day　ⓕ trois fois par jour
She brushes her teeth *three times a day*.
Elle se brosse les dents *trois fois par jour*.
＊英語の a day の冠詞が「単位・割合」を表す点に注目（別例：「時速 100 キロ」100 kilometers an hour / 100 kilomètres à l'heure，「1 キロあたり 10 ドル」ten dollars a kilo / 10 dollars le kilo）．

④ ⓔ in a day or two　ⓕ dans un jour ou deux
The job will be done *in a day or two*.
Le travail sera fait *dans un jour ou deux*.
＊現在を基準に「〜後（ご）」を意味する，in / dans の例．

⑤ ⓔ blossom in spring　ⓕ fleurir au printemps
The cherry trees blossom *in spring*
Les cerisiers fleurissent *au printemps*.
＊仏語の他の季節「夏に，秋に，冬に」には前置詞 en が使われる．なお，英・仏語の「咲く」には bloom / s'épanouir という動詞も使われるが，blossom / fleurir の「花」ではなく主語が「草木」であるのに対して，bloom / s'épanouir は「花」が主語となる．

38 前置詞（その他） No.1

① 天気予報によれば
⇒ 天気予報では明日は雪です．

② 私たちの目で（←目を使って）
⇒ 私たちは目で物を見る．

③ 半分に
⇒ 私の母がケーキを半分に切った．

④ プラスチック製である
⇒ この消しゴムはプラスチックでできている．

⑤ ブドウでできている
⇒ ワインはブドウでできている．

① ⓔ according to the weather report ⓕ selon la météo
According to **the weather report**, it will snow tomorrow.
Selon **la météo**, il neigera demain.
> ＊仏語は d'après la météo ともいう．また，The weather forecast says (that) it will snow tomorrow. / La météo prévoit de la neige pour demain. などと書き換えられる．

② ⓔ with our eyes ⓕ avec nos yeux
We see *with our eyes*.
Nous voyons *avec nos yeux*.
> ＊この with / avec は「手段・道具」の意味合い．

③ ⓔ in half ⓕ en deux
My mother cut the cake *in half*.
Ma mère a coupé le gâteau *en deux*.
> ＊仏語で la moitié「半分」も用いられるが，2つに切るなら，en deux の方が自然．

④ ⓔ be made of plastic ⓕ être fait(e) en plastique
This eraser is made *of plastic*.
Cette gomme est faite *en plastique*.
> ＊フランス語は過去分詞を省いて，La gomme est en plastique. とすることもできる．言うまでもないが，多くはゴム rubber / caoutchouc の消しゴムである．

⑤ ⓔ be made from grapes ⓕ être fait(e) avec du raisin
Wine is made *from grapes*.
Le vin est fait *avec du raisin*.
> ＊④は材料（見てわかる）を指し，⑤は原料（見ただけではわからない）を指す．前置詞が違う．

39 前置詞（その他）No.2

1. あなたの娘を除いて
   → あなたの娘以外は全員来た．

2. イギリス人（男性）にしては
   → 彼はイギリス人にしては日本語がうまい．

3. 音楽に合わせて踊る
   → 彼女たちは音楽に合わせて踊っていた．

4. 神を信じる（←信仰する）
   → 私は神は信じるが，悪魔は信じない．

5. 未来を信じる
   → 彼女は日本の未来を信じていない．

① ⓔ except your daughter　ⓕ sauf votre fille
Everyone came *except your daughter*.
Tout le monde est venu *sauf votre fille*.
＊仏語 excepté という前置詞もあるが，口語では sauf の方がよく使われる．

② ⓔ for an Englishman　ⓕ pour un Anglais
He speaks Japanese well *for an Englishman*.
Pour un Anglais, **il parle** bien japonais.
＊for / pour が「(割合・比較) 〜の割には，〜にしては」を意味する例．

③ ⓔ dance to the sound of music　ⓕ danser au son de la musique
They were dancing *to the sound of music*.
Elles dansaient *au son de la musique*.
＊英語は dance to the music も可．

④ ⓔ believe in God　ⓕ croire en Dieu
I believe *in God*, but not in the Devil.
Je crois *en Dieu*, mais pas au diable.
＊英語 believe in が「(宗教を) 信仰する，存在を信じる」の意味で使われるのに対して，仏語は前置詞によってニュアンスが変わる．croire en Dieu「神を信じる＝信仰する」に対して，croire à qqch は「(存在・価値を) 信じる」の意味．

⑤ ⓔ believe in the future　ⓕ croire à l'avenir
She doesn't believe *in the future* of Japan.
Elle ne croit **pas** *à l'avenir* du Japon.
＊「(物事の) 価値を信じる」の意味．なお，自動詞の believe / croire が「強い確信」を背景に使われるのに対して，他動詞 believe / croire は「希望を込めて漠然と信じる」という意味合いになる．

40 仏語の接続法を軸に

① 私は戻りたい.
  ➡ 私はすぐに妻に戻ってきて欲しい.

② 帰りたくない.
  ➡ 彼女に帰って欲しくない.

③ 私はここにいる方がいい.
  ➡ 私はあなたがここにいてくれる方がいい.

④ 私は彼に会う.
  ➡ 私は明日彼に会わなくてはならない.

⑤ 彼は正直だ.
  ➡ 彼が正直かどうかは疑わしい.

*接続法をひと言で説明するのは難儀だが，ポイントは，主節に主観的な強い感情を含む言い回し（願望や否定，必要性など）が来ると，その強さに導かれる恰好で，que 以下の従属節内の動詞が直説法から接続法に切り替わる．それを意識できるエクササイズに仕立てた．

① ⓔ I want to come back.　ⓕ Je veux revenir.
I want my wife to *come back* right now.
Je veux que ma femme *revienne* tout de suite.

② ⓔ I don't want to leave.　ⓕ Je ne veux pas partir.
I don't want her *to leave*.
Je ne veux pas qu'elle *parte*.

③ ⓔ I prefer to stay here.　ⓕ Je préfère rester ici.
I prefer that you *stay* here.
Je préfère que vous *restiez* ici.

④ ⓔ I see him.　ⓕ Je le vois.
I have to *see him* tomorrow.
Il faut que je *le voie* demain.

⑤ ⓔ He is honest.　ⓕ Il est honnête.
I doubt if *he is* honest.
Je doute qu'*il soit* honnête.
　　＊if の代わりに whether も使われる．ただし，口語では I doubt (that) he is honest. とすることが多い．

41 英語仮定法・仏語条件法

1. (私の) 家にいる
   → もし雨ならば，私は家にいるのに．

2. パリでの暮らしに慣れる
   → もし上手にフランス語が話せれば，彼女はパリ暮らしに慣れるのに．

3. 日本語を知っている
   → あなたが日本語を知っていたらなあ．

4. この申し出を断る
   → 私があなたの立場なら，この申し出は断るのに．

5. 意味がある
   → もしワインがなければ，人生は意味のないものになるだろう．

＊現在の事実に反する仮定・条件を表す英仏表現．現在・過去・未来，それにこの仮定・条件の表現がうまくこなせれば，大概の会話はなんとかなる．

① ⓔ stay home　ⓕ rester chez moi
If it rained, I would stay *home*.
S'il pleuvait, je resterais *chez moi*.

② ⓔ get used to Parisian life　ⓕ s'habituer à la vie parisienne
If she spoke French well, she would get used *to Parisian life*.
Si elle parlait bien français, elle s'habituerait à *la vie parisienne*.

③ ⓔ know Japanese　ⓕ comprendre le japonais
I wish you *knew Japanese*.
J'aimerais que vous *compreniez le japonais*.
＊婉曲的に願望を表す表現．

④ ⓔ refuse this proposal　ⓕ refuser cette proposition
In your place, I would refuse *this proposal*.
À votre place, je refuserais *cette proposition*.
＊if I were in your position / si j'étais à votre place あるいは If I were you / si j'étais vous と置き換えられる．

⑤ ⓔ have a meaning　ⓕ avoir un sens
Without wine, life would have *no meaning*.
Sans vin, la vie n'aurait *pas de sens*.
＊if it were not for wine / s'il n'y avait pas le vin と書き換えられる．酒が嫌いな人には？の例文かもしれない．

42 接続詞・接続詞句 No.1

① 雨がやむ／日が射し始める
→ 雨がやんで，日が射し始めた．

② （あなたの）右手には
→ 右には海が，そして左には山が見えます．

③ 〜と同様に
→ 彼は英語もフランス語も話します．

④ 風呂に入る
→ 先に夕飯にしますか，それともお風呂にしますか？

⑤ それでも（とにかく）
→ 彼は病気ですが，それでもこのミーティングには出てきますよ．

① ⓔ stop raining / begin to shine　ⓕ cesser de pleuvoir / commencer à briller
It stopped raining and the sun *began to shine*.
Il a cessé de pleuvoir et le soleil *a commencé à briller*.

② ⓔ on your right　ⓕ sur votre droite
You can see the sea *on your right*, and the mountain *on your left*.
Vous pouvez voir la mer *sur votre droite*, et la montagne *sur votre gauche*.

*①と②の接続詞 and / et の前の (,) の有無に細かな決まりはないが，and の前の文章が長いときには (,) を添えることが多い．

③ ⓔ as well as　ⓕ ainsi que
He speaks French *as well as* English.
Il parle anglais *ainsi que* français.

*A as well as B / A ainsi que B「B と同様に A も」．

④ ⓔ take a bath　ⓕ prendre un bain
Will you have dinner first, or *take a bath*?
Voulez-vous dîner d'abord ou *prendre un bain* ?

⑤ ⓔ all the same　ⓕ quand même
He is ill, but he's going to this meeting *all the same*.
Il est malade mais il ira *quand même* à cette réunion.

*仏語の quand même はよく使われる．たとえば，相手の好意が結果的に役に立たなかったケースで使われる「とにかく（いずれにしても）ありがとう」Merci quand même.（英語の Thank you anyway. に相当する言い回し）．

43 接続詞・接続詞句 No.2

1. (私たちが) 寝ている間に
   → 私たちは寝ている間に夢を見る．

2. (私が) 子供の頃
   → 子供の頃，パイロットになりたかった．

3. (君が) 彼女に会ったら
   → 彼女に会ったら，よろしく言っておいて．

4. (過去形で) 雨が降っている間
   → 雨が降っている間，彼女は家にいた．

5. 歩きながら
   → 父は歩きながら口笛を吹いている．

① ⓔ when we are asleep　ⓕ quand nous dormons
We dream *when we are asleep*.
Nous rêvons *quand nous dormons*.

② ⓔ when I was little　ⓕ quand j'étais petit(e)
When I was little, **I wanted to** be a pilot.
Quand j'étais petit, **je voulais** devenir pilote.
＊「パイロットになる」become a pilot も間違いではないが，I want to を用いる際には be 動詞を置くのが一般的．

③ ⓔ when you see her　ⓕ quand tu la verras
When you see her, give her **my regards**.
Quand tu la verras, dis-lui **bonjour de ma part**.
＊when / quand 節内の時制が英仏で差がある．

④ ⓔ while it rained　ⓕ pendant qu'il pleuvait
She stayed home *while it rained*.
Elle est restée à la maison *pendant qu'il pleuvait*.

⑤ ⓔ while walking　ⓕ en marchant
My father whistles *while walking*.
Mon père siffle *en marchant*.

44 接続詞・接続詞句 No.3

①　ネコは意地が悪い．
　→　私はネコは意地が悪いと思います．

②　窓が閉まっている．
　→　窓が閉まっているかどうか見てきて．

③　(君が) パイ [タルト] を全部食べる．
　→　もし君がそのパイを全部食べたら，病気になるよ．

④　とても寒い．
　→　とても寒いのに，彼女はTシャツでジョギングをしています．

⑤　～したらすぐに
　→　仕事を終えたらすぐ，成田に行きます．

① ⓔ Cats are naughty.　ⓕ Les chats sont méchants.
I think that *cats are naughty*.
Je pense que *les chats sont méchants*.

② ⓔ The window is closed.　ⓕ La fenêtre est fermée.
Go and see if *the window is closed*.
Allez voir si *la fenêtre est fermée*.
＊この if / si は「〜かどうか」の意味．

③ ⓔ You eat all the pie.　ⓕ Tu manges toute la tarte.
If *you eat all the pie*, **you'll be** sick.
Si *tu manges toute la tarte*, **tu seras** malade.

④ ⓔ It is very cold.　ⓕ Il fait très froid.
Although *it is very cold*, **she's jogging** in a T-shirt.
Bien qu'*il fasse très froid*, **elle fait du jogging** en T-shirt.
＊仏語は接続法が使われる．英語は though に置き換えられる．仏語は "quoique +［接続法］" を用いても同義．

⑤ ⓔ as soon as　ⓕ dès que
I'll go to Narita *as soon as* I've finished my work.
J'irai à Narita *dès que* j'aurai fini mon travail.
＊as soon as のうしろは「現在完了」，dès que のうしろは「前未来」が使われている．どちらも「未来完了」のニュアンスを表す．

4章

音読 エクササイズ

[上級に向けて]

● **効果的な音読**（☞ p.131）**のための３つのアドヴァイス** ●

1. 音源を活用しながら，できるだけ正確，かつ速いスピードで読む努力をする．最後まで終わったら，再度，45課に戻り，2度，3度と反復して欲しい．
2. 和訳は内容理解に用いるが，英仏語をそのまま理解できる箇所は，そのまま訳さずにつかまえる（たとえば，He is a teacher. / Il est professeur. といった文章を，頭のなかで和訳しながら読み進める人はほとんどいないはずだ）．なお，翻訳力養成が目的ではないので，できるだけ英仏語の語順に合せて日本語訳をつけるよう工夫した．
3. 複数回音読したあと，一度，全文をノートに書いてみる．面倒な作業だがこれも確実に力のつく方法である．ただし，無理に暗記しようとしないこと．記憶に定着させようと焦ると，"語が苦"となりかねない．楽しくないと語学学習は続かない．

＊英語・仏語の言い回しをできるだけ近づける努力はした．しかし，近づけようとするあまり不自然になりかねないと判断した箇所は，英仏の語彙を意識的に変えている．

45 〈ショートメッセージ〉 No.1 自己紹介

A Small Announcement

Hello!

My name is Kaoru. I live in Kyoto and I'm twenty-five years old. I'm a sales manager. I'm tall, dark-haired and I have brown eyes. I love traveling and I'm into painting, but I don't like sports, except soccer. I speak English and French fluently.

Oh sorry, I nearly forgot, I'm not married.

Une petite annonce

Bonjour !

Je m'appelle Kaoru. J'habite à Kyoto et j'ai vingt-cinq ans. Je suis directeur commercial. Je suis grand, brun et j'ai les yeux marron. J'aime voyager et je m'intéresse à la peinture, mais je n'aime pas le sport, sauf le football. Je parle couramment anglais et français.

Oh pardon, j'allais oublier. Je ne suis pas marié.

ちょっとアナウンス

こんにちは！

カオルと言います．京都在住の 25 歳です．セールスマネージャーをしています．背は高く，髪は褐色，目は茶色です．旅行が好きで，絵にはまってますが，スポーツは好きではありません，ただサッカーは別です．英語とフランス語を流暢に話します．

あっ，ごめんなさい，忘れるところでした．私は結婚していません．

単語・表現

- ☐ sales manager 名 セールスマネージャー，営業［販売］部長
- ■ directeur commercial 男 = sales manager
  *女性のセールスマネージャーなら directrice commerciale となる．
- ☐ dark-haired 形 濃い褐色の髪の，黒髪の
- ■ brun(ne) 形 1. 褐色の（= brown） 2.（皮膚が）浅黒い，（日焼けして）黒い（= brown） 3. 褐色の髪をした（= dark-haired）
- ☐ be into〈doing / 名〉動 ～にはまっている
  *この into は口語で「～に熱中している，夢中である」の意味．ここでは，be interested in〈doing / 名〉「～に興味［関心］がある」の類義．
- ■ s'intéresser à qqn/qqch = be interested in〈doing / 名〉

[補足 1] J'ai les yeux marron.
  *marron は形容詞だが，名詞の影響を受けない形容詞 (The adjective "marron" is invariable. / L'adjectif «marron» est invariable.)．なお，この marron の代わりに brun(ne) が置けるが，本文中，仏語では brun (ne) を髪の色として用いているため，同語の反復を避けて marron と置き換えている（J'ai les yeux marron. = J'ai les yeux bruns.）．

[補足 2] I nearly forgot. / J'allais oublier.
  *英語は「危うく（もう少しで）～するところで」を意味する副詞 nearly を用いた表現．仏語は aller＋inf. を半過去で用いて「～しようとしていた」の意味になる（別例：「正午になるところだった」Il allait être midi.）．

46 〈ショートメッセージ〉 No.2
友人への手紙

A Letter

London, July 5th

Dear Friends,
How are you doing? I haven't heard from you recently. What are your plans for this summer? When will you arrive in London? Which day and at what time?
I'm going on holiday on the tenth of August.
But I hope to see you all before I leave! Please call me or write as soon as you can!

Lots of love,
Michelle

Une lettre

Paris, le 5 juillet

Chers amis,
Comment allez-vous ? Je n'ai pas eu de vos nouvelles récemment. Quels sont vos projets pour cet été ? Quand arriverez-vous à Paris ? Quel jour et à quelle heure ?
Moi, je pars en vacances le 10 août.
Mais j'espère pouvoir vous voir avant mon départ. Appelez ou écrivez-moi dès que vous le pourrez !

Je vous embrasse.
Michel

1回目	2回目	3回目
月　　日	月　　日	月　　日

手紙

ロンドン／パリ　7月5日

親しい友へ

お元気ですか？　最近，ご無沙汰でしたね．今年の夏の予定はどうなっていますか？　こちら（ロンドン／パリ）にはいつ来ますか？　何日の，何時に？

私は8月10日にヴァカンスに出ます．

でも，出発前にあなたたちに会いたいです．電話か手紙をください，できるだけ早く．

愛を込めて（キスを送ります）

ミシェル

単語・表現

- □ hear from s.o.　動（人から）手紙をもらう
- ■ avoir des nouvelles de qqn　動（人から）手紙をもらう
  *「受け取る」recevoir des nouvelles de qqn とも言える．
- □ go on holiday　動 ヴァカンスに出かける (= go on one's holidays)
  *イギリスでは「休暇」の意味では holiday を使う．アメリカなら go on vacation を用いる人が多い．
- ■ partir en vacances　動 ヴァカンスに出かける
- ■ embrasser　男 キスする
  *Je vous embrasse. は手紙の末尾で用いる決まり文句．

[補足1] 日付：8月10日を例に
1. 英語　August 10th / 10th August
   *上記，両方の表記法が可能（10を序数にしない書き方もある）．月が前は米語式，日が前は英語式．ただし " 日 + of + 月 " the tenth of August には冠詞 the がつく．
2. 仏語　le 10 août
   *"le（定冠詞）＋数詞（基数）＋月（小文字）"（ただし，1日だけは序数 premier を用いる）．なお，「今日は8月10日」なら，Nous sommes [C'est] le 10 août. となるが，aujourd'hui を用いて，Aujourd'hui, 10 août. なら冠詞は添えない．

47 〈笑話〉 No.1 蛇の会話

Two Snakes

Two snakes are talking.
— Hey, are we poisonous?
— Yes.
— Really? Are we very poisonous?
— Yes, in fact, we're among the most poisonous and dangerous snakes in the world! Why do you ask?
— Well … I just bit my tongue.

Deux serpents

Deux serpents discutent.
— Hé, sommes-nous venimeux ?
— Oui.
— Vraiment ? Sommes-nous très venimeux ?
— Oui, en fait, nous sommes parmi les serpents les plus venimeux et les plus dangereux du monde ! Pourquoi demandes-tu ça ?
— Eh bien … je viens juste de me mordre la langue.

2匹の蛇

2匹の蛇が話している.

— おい, 俺たちって毒があるかい？

— うん.

— 本当に？ すごく有毒なの？

— ああ, なにしろ, 世界中で一番毒があって, 危ない蛇のひとつだからね. でもどうして, そんなこと聞くの？

— うん… 俺, ついさっき, 舌を噛んじゃったんだよ.

単語・表現

- ☐ poisonous 形 有毒な
  *venomous「(動物が) 毒液を分泌する」という形容詞もある.

- ■ venimeux(se) 形 (とくに動物が) 有毒な
  *「毒蛇」a poisonous snake = un serpent venimeux. フランス語で英語の poisonous に相当する形容詞は toxique だが, 蛇には venimeux(se) が使われる. ちなみに「(植物が) 有毒な」の意味では vénéneux(se) が用いられる.

- ■ discuter 動 話し合う, 討議する
  *ここで s'entretenir avec d'autres の意味合い. 英語の discuss よりは軽い意味で使える動詞.

- ☐ bite 動 噛む

- ■ se mordre 代・動 噛む

[補足]
  *英語は bite one's tongue で「(自分の) 舌を噛む」となるが, フランス語は代名動詞を用い, "身体＝「舌」"を定冠詞で表現する点に注意.
  例：彼は手を洗っていた.
  He was washing his hands.
  Il se lavait les mains.

48 〈笑話〉 No.2 羊飼いへのインタヴュー

An Old Shepherd

A man asks an old shepherd:
— Sir, how old are you?
— I don't know.
— What! Don't you know your age?
— I need to count my sheep and to count my money. But I don't need to count my years.
— Why?
— I never lose them!

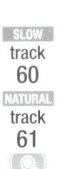

Un vieux berger

Un homme demande à un vieux berger :
— Monsieur, quel âge avez-vous ?
— Je ne sais pas.
— Comment ! Vous ne connaissez pas votre âge ?
— J'ai besoin de compter mes moutons et de compter mon argent. Mais je n'ai pas besoin de compter mes années.
— Pourquoi ?
— Je ne les perdrai jamais !

年老いた羊飼い

男が年老いた羊飼いに尋ねた．
— おじいさん，おいくつですか？
— 知らん．
— えっ！　自分の年齢をご存じじゃない？
— 羊は数える必要がある，金もそうじゃ．だが，自分の年を数える必要はない．
— どうしてです？
— なくしたりせんじゃろ！

単語・表現

- shepherd 名: a man who tends and guards sheep
- **berger(ère)** 名: personne qui garde les moutons ou les chèvres
- count 動 数える
- **compter** 動 数える
- **avoir besoin de qqn/qqch/+inf.**：〜を必要とする
    例：私には君が必要だ．
    J'ai besoin de toi. / I need you.

[補足] 英語の現在形 vs 仏語の単純未来
I never lose them! / Je ne les perdrai jamais !
＊英語は「一般的な真理」は現在形で表現される．仏語も同じ．ただし，仏語の場合，現在形で扱われる「真理」は，いわば「時間」の概念を超越した内容（例：「地球は太陽の回りを回る」La terre tourne autour du soleil. / The earth goes around the sun）．ただし，この例文は単純未来 futur simple で「真理」を表している．これは，"〈過去・現在変わらなかった真理＝年齢はなくならないという真理〉は，この先も変わることがない"という時間の流れ（過去→現在→未来）を背景とした言い回し．

49 〈笑話〉 No.3
鼻と鼻

Dog Nose or Snout

Truffles are a luxury food, they are rare and therefore very expensive. They are also called black diamonds, because their surface is covered with small six-sided pyramids.

Dogs are predestined to help man find truffles: Woof, Woof! Their sense of smell is fifty times more developed than that of man. Sometimes we also use pigs: Oink, Oink!

Truffe ou groin

La truffe est un produit de luxe car elle est rare et donc très chère. On l'appelle le diamant noir, parce que sa surface est recouverte de petites pyramides à six faces.

Les chiens sont prédestinés à aider les hommes à trouver les truffes : ouaf, ouaf ! Leur odorat est cinquante fois plus développé que celui de l'homme. Parfois, on utilise aussi des cochons : groin, groin !

犬の鼻か豚の鼻

トリュフは贅沢品だ．稀少で，値段はとても高い．黒いダイヤと呼ばれる．その表面が覆われているからだ，六角形をした小さなピラミッドで．

犬は運命づけられている，人がトリュフを見つける手助けをするように，ワンワン！　犬の嗅覚は発達している，人の50倍も．ときに，豚も使われる，ブーブー！

＊かつては「豚」が使われ，現在は「犬」が大半のようだ．

単語・表現

- □ snout 名（豚の）鼻面
- ■ truffe 女 1. トリュフ（＝ truffle）2.（犬の）鼻（＝ dog nose）
- ■ groin 男 1.（豚の）鼻面（＝ snout）2.（豚の）鳴き声（＝ oink）
- □ surface 名 / surface 男 表面
- □ be predestinated to do 男 〜する運命である
  ＊predesine は受動態で使われる動詞．
- ■ prédestiner qqn à +inf. 動 〜に〜するように運命づける（予定する）
  ＊仏語は受動態とは限らない．なお，接頭辞 pre-/pré は「あらかじめ，前もって」の意味．

[補足 1] Truffles are a luxury food.
「トリュフは贅沢な食べ物である」という意味だが，〈複数（主語）＋動詞＋単数（補語）〉という形に違和感があるかもしれない．これは「トリュフ（というもの：総称）は贅沢な食べ物のひとつ」という意味合いで，前提に luxury foods（たとえば，世界三大珍味）は，truffles, foie gras, and caviar といった意識がある．

[補足 2] 倍数表現
　例：あの相撲取りは私の三倍の目方がある．
　　That Sumo wrestler is three times heavier than me.
　　Ce lutteur de sumo est trois fois plus lourd que moi.

〈笑話〉 No.4
50 ふたつの顔

Wordplay

The criticism that politicians have two faces is well known: It may remind one of Dr. Jekyll and Mr. Hyde. One President of the United States of America was particularly exposed to this same criticism. His name was Abraham Lincoln.

When he was told that someone had called him "two-faced", he replied, "If I were two-faced, would I be wearing this one?"

This wasn't an objection, it was humor. He was well aware of the fact that he was not good-looking.

Jeu de mots

La critique selon laquelle les politiciens ont deux visages est bien connue : elle rappelle Dr. Jekyll et Mr. Hyde. Un président des États-Unis a été particulièrement exposé à cette critique. Son nom était Abraham Lincoln.

Quand on lui a dit que quelqu'un l'avait appelé « double face », il a répondu : « Si j'avais deux visages, porterais-je celui-ci ? »

Ce n'était pas une objection, mais un détournement par l'humour : il était bien conscient de ne pas être beau.

言葉遊び

よく知られた批判がある．政治家はふたつの顔を持つと．ジキル博士とハイド氏を思い起こさせる．アメリカ合衆国の一人の大統領も同じ批判を浴びた．その人の名は，エイブラハム・リンカーン．

（次のように）伝えられたとき，誰かが彼には「二面性」があると言っていると．彼はこう返事をした．「もし私にふたつ顔があるなら，こっちの顔を身につけたりするかい？」

これは反論ではなく，ユーモアだ（ユーモアで切り返したのだ）．彼はちゃんとわかっていた，自分は美男子でないと．

単語・表現

- □ criticism 名 批判，非難
- ■ critique 女 批判，非難
    * 仏語 critique は 名 で「批評家」（英語は critic），形 で「批評の，批判的な」（英語は critical）を意味する語にもなる．
- □ two faces / deux visages : ここでは「二重人格」dual personality / double personnalités の意味合い．
- □ objection / objection 女 反論，反対
- ■ être exposé(e) à la critique : 批判にさらされる
    * 英語は be exposed to criticism としたが，be subjected to criticism もよく使われる言い回し．
- ■ détournement 女 （人の注意を）逸らす行為（英語 diversion）
    * 動 détourner は「（注意や話を）逸らす，方向を変える」という意味．

[補足] 仮定法過去 vs 条件法現在
 "If I were two-faced, would I be wearing this one?" / « Si j'avais deux visages, porterais-je celui-ci ? »
 「もし〜ならば，…なのに」の意味で，現在の事実に反する仮定（条件）．「私は2つの顔を持っていない．だから，この顔を身につけている」という背景．

51 〈ちょっといい話〉 No.1 居酒屋の会話

Two Types of People

In this world, there are two types of people: Those who deceive and those who are deceived.

One man says to another : " Hey, you were duped. The woman outside told you with tears in her eyes that she had a sick baby, right? Well, her story was a lie!"
　"You mean, there's no dying baby?"
　"That's right."
After a sigh of relief, his friend smiled and said: "In the end, that's good news. Let's drink!"

Deux types de personnes

Dans ce monde, il y a deux types de personnes : ceux qui trompent les autres et ceux qui sont trompés.

Un homme dit à un autre : « Hé, tu as été dupé ! La femme qui était à l'extérieur t'a dit en sanglotant qu'elle avait un bébé malade, n'est-ce pas ? Et bien, c'était un mensonge. »
　« Tu veux dire qu'il n'y a pas de bébé en train de mourir ? »
　« Exactement. »
Après un soupir de soulagement, son ami sourit et dit : « Au final, c'est une bonne nouvelle. Allons fêter ça ! »

ふたつの人間のタイプ

この世には，ふたつのタイプの人間がいる．だます者とだまされる者．

男がもう一人の男に言った．
「おい，担がれたな．外にいた女，涙を浮かべて（すすり泣きながら）お前に言ったろ，病気の赤ん坊がいるってさ？ あれ，嘘だよ！」
「言いたいのは，死にそうな赤ん坊なんていないってことか？」
「そうだよ」
ほっとため息をついた後，友人は笑って言った．
「そうか，それはいいニュースだ．さあ，飲もう（そりゃ，お祝いだ）！」

◆プロゴルファーのロベルト・デ・ヴィセンゾ Roberto De Vicenzo のエピソードとして伝えられる小話（創作のようだ）を元にアレンジを加えた．かつて，この小話を元にしたウイスキーの CM もあった．

単語・表現

- □ deceive 動 騙（だま）す
- ■ tromper 動 1. 騙す（= deceive） 2. 不貞を働く（= betray, cheat）
  *本文中の dupe / duper も類語だがこちらは「欺（あざむ）く」という感覚，mystify / mystifier なら「煙にまく」の意味合い．
- ■ sangloter 他 すすり泣く，嗚咽（おえつ）する
- □ a sigh of relief / un soupir de soulagement：安堵のため息

［補足］Il n'y a pas de bébé en train de mourir.
　この文章中の省略を補えば ① となり，これを現在分詞で置き換えれば ② となる．
　① Il n'y a pas de bébé *qui est* en train de mourir.
　② Il n'y a pas de bébé *étant* en train de mourir.
　例文は，この分詞 étant を省き，冗長さを避け「死にかけている赤ちゃん」（= dying baby）とした文．

52 〈ちょっといい話〉 No.2 凧をあげる人

The Kite

When I was young, I met a strange old man.
He used to fly a kite in a small park almost every day in spring.
As you may know, it is a typical custom in Japan around New Year.

So, one day, I curiously asked him : "Why do you always fly a kite?"
The old man replied in a soft voice.
　"I'm talking."
　"Talking? With whom?"
　"With my wife. She recently passed away. When I fly my kite, I feel like we are talking while holding hands."

The kite was floating all alone in the clear blue sky.

Un cerf-volant

Quand j'étais petit, j'ai rencontré un étrange vieil homme.
Il faisait voler un cerf-volant dans un petit parc presque tous les jours au printemps.
Comme vous le savez, c'est une coutume typique du nouvel an au Japon.

Un jour, je lui ai demandé avec curiosité : « Pourquoi est-ce que vous êtes toujours en train de faire voler votre cerf-volant ? »
Le vieil homme a répondu d'une voix douce.
　« Je suis en train de parler. »
　« Vous parlez ? Mais, avec qui ? »
　« Avec ma femme. Elle est décédée récemment. En faisant ça, j'ai l'impression de parler avec elle tout en lui tenant la main. »

Le cerf-volant flottait, solitaire, dans le ciel bleu clair.

凧

幼い頃，私は不思議な老人に出会った．凧をあげていた，小さな公園で，ほぼ毎日，春に．ご存知のように，凧あげは日本の風物詩，正月のものだ．

ある日，好奇心にかられ，私は老人に尋ねた．
「どうしていつも凧あげをするの？」
老人はそっと答えた．
「話をしているんだよ」
「話？　誰と？」
「妻とだよ．最近，逝ってしまったんだ．凧をあげていると，感じるんだよ，二人で話をしている，手と手をつないでいるってね」

凧が浮んでいた，ぽつんと，澄んだ青い空に．

単語・表現

- ☐ fly a kite : 凧をあげる
- ■ **faire voler un cerf-volant** : 凧をあげる
  * lancer un cerf-volant と載っている辞書もあるが，これは「凧を放り投げる」という動作と誤解されかねない．
- ☐ a typical custom / **une coutume typique** : 典型的な習慣
  * ここでは「風物詩」と訳してみた．その意味では，custom/coutume の代わりに scene / scène という語も "場面を切り取る感覚" で捨てがたいが，劇場や映画などを連想させるとともに，make a scene / faire une scène の熟語を連想させることもあって採用しなかった．
- ■ **solitaire** 形 孤独な，単独の

［補足］文章のリズム

仏語の最終行，形容詞 solitaire は solitairement と副詞にも置き換えられるが，後者は文章語で稀な語．solitaire の前後に〈 , 〉を置くことで，「ぽつん」というオノマトペの雰囲気を伝えることにした．

53 〈上級への足がかり〉 No.1
時が流れりゃ、食事も変わる

Different Times

One should eat to live, not live to eat. But meals are one of the great pleasures of life. Generally, the French don't eat a lot in the morning, they have some bread or croissants with coffee.
In the past, most of them were wine and cheese lovers. In this respect, a meal with neither wine nor cheese was like a day without sunshine.
However, since the beginning of the 21st century, things have changed. Many restaurants now serve set menus without cheese. In the same way, more and more people don't drink any wine with their meals. Different times, different ways to eat!

Une autre époque

Il faut manger pour vivre, et non pas vivre pour manger. Mais les repas sont un des grands plaisirs de la vie. Généralement, les Français ne mangent pas beaucoup le matin : ils prennent du pain ou des croissants avec du café.
Autrefois la plupart d'entre eux étaient amateurs de vins et de fromages. A cet égard, pour eux, un repas sans vin ni fromage était comme un jour sans soleil.
Cependant, depuis le début du XXIème siècle, les choses ont changé. Beaucoup de restaurants proposent aujourd'hui des menus sans fromage. De même, de plus en plus de gens ne boivent pas de vin avec leurs repas. Autre époque, autre façon de manger !

異なる時代

生きるために食べるのであって，食べるために生きるのではない．さりながら，食事はひとつだ，人生の大きな喜びの．普通，フランス人はたくさん食べない，朝，彼らは食べる，パンやクロワッサンをコーヒーとともに．

かつて，フランス人の多くはワインやチーズを愛好した．この点に関して言うと，彼らにとって，ワインもチーズもない食事は，日の光が射さない日のようなものだった．

ところが，21世紀の初頭から，事態は変わった．多くのレストランは今，チーズのないセットメニューを供する．同じように，だんだん多くの人がワインを飲まなくなってきている，食事とともに．時代変われば，食事の有り様も変わる！

単語・表現

- **amateur** 男 愛好者（＝ lover）
  ＊女性についても un amateur を用いる．なお，以下の例文のように形容詞としても使われる．
  例：彼はラジオでのスポーツ観戦はあまり好きではない．
  Il n'est pas très amateur de sport à la radio.
- in this respect / à cet égard：この（その）点では，これ（それ）については
  ＊英語 in this regard という言い方もあるが，少々堅苦しい．
- **évoluer** 動 1.（状況が）展開する，変化する（＝ change）2.（技術や文明などが）進歩する，発展する（＝ make progress）

[補足]『美味礼讃』で知られる Brillat-Savarin の言葉
French gastronome Brillat-Savarin said, "A meal without wine is like a day without sunshine". / Le gastronome Brillat-Savarin disait : « Un repas sans vin est comme un jour sans soleil.»

54 歴史と私

〈上級への足がかり〉 No.2

History and Me

I've always loved history. I love history the way I love my parents. When I'm asked what history is, I always reply that it's a vast world: A world filled with the lives of the billions of people who lived before us.

I'm fortunate that I have a lot of wonderful friends in my life.

I have some friends in history, too. In history, there are marvelous people, whom it would be difficult to find in this present world, and they inspire and comfort me in my daily life. In fact, I feel as though I'm living within a period of time over two thousand years long. I'd like to share this pleasure and happiness with the ones I love.

L'Histoire et moi

J'adore l'histoire depuis toujours. J'aime l'histoire autant que j'aime mes parents. Quand on me demande ce qu'est l'histoire, je réponds toujours que c'est un vaste monde : un monde rempli de la vie de milliards de personnes qui ont vécu avant nous.

J'ai la chance d'avoir beaucoup d'amis formidables dans ma vie.

J'en ai aussi un peu dans l'histoire. Dans l'histoire, il y a des gens merveilleux, qu'il serait difficile de rencontrer aujourd'hui. Ils m'encouragent et me consolent dans la vie de tous les jours. En fait, j'ai l'impression de vivre dans une longue période d'au moins deux mille ans. J'aimerais donc partager ce plaisir et ce bonheur avec les gens que j'aime.

歴史と私

ずっと歴史を愛している．私は歴史を愛している，両親を愛するように．私が問われるとき，歴史とは何かと，いつもこう答えることにしている，広大な世界だと．何億という存在に満ちあふれた世界，自分たちの前に暮らした人々の世界であると．

私には運良く，たくさんの素晴らしい友がいる，この世に．

何人かの友がいる，歴史のなかにもまた．歴史のなかには，素晴らしい人々がいる，この世では出会うことが難しい人たち，そして，彼らは私を励まし，慰めてくれる，日々の暮しにおいて．実際，自分は感じている，まるで生きているようなものだと，長い期間を二千年以上も．分かち合いたい，この喜び，幸いを，愛する人たちと．

◆臆面もなく，司馬遼太郎著『21世紀に生きる君たちへ』を元に，これを音読用に改変，英仏語に訳した．なお，ドナルド・キーン監訳／ロバート・ミンツァー訳『(対訳) 21世紀に生きる君たちへ』（朝日出版社）も参照したが，その英訳をそのまま踏襲してはいない．

Reading aloud
To learn a language, it's important to practice reading aloud. First of all, reading aloud improves your reading skills. It's linked to the movement of your mouth, and it appeals to your hearing. In other words, this method is a great way to stimulate your whole brain.

La lecture à haute voix
Pour apprendre une langue, il est important de lire à haute voix. Avant tout, la lecture à haute voix améliore vos compétences en lecture. Elle est liée au mouvement de votre bouche, et elle fait appel à votre faculté auditive. En d'autres termes, cette méthode est un excellent moyen de stimuler votre cerveau dans son intégralité.

著者
久松 健一 (ひさまつ けんいち)

東京都，浅草生まれ．明治大学と中央大学の教壇に立つ．NHK ラジオの講師も勤めた．著書・編著に『ケータイ〈万能〉フランス語文法』『英語がわかればフランス語はできる』(中国語版:『懂英語就會説法語』)『クラウン・フランス語熟語辞典』などがある．

協力
Michel Gonçalves (ミシェル ゴンサルベス)

フランス，サン＝ジェルマン＝アン＝レー出身．ポルトガル人の両親のもとに生まれ，バイリンガル環境の中で育つ．母語のフランス語以外に 4 つの言語を操る．オーストラリアで国際貿易を学ぶ．現在，英・仏会話学校 Share Language School シェアランゲージスクール代表．

Christophe Boléat (クリストフ ボレア)

スイス，ジュネーヴ出身．フランス人の父とスイス人の母のもとに生まれる．12 歳から日本語の学習を始め，その後も外国語に対する興味と情熱は深く，複数の国へ旅行や長期滞在を経験．東京大学ならびに立教大学（博士課程）で社会学を学び，現在，東京の語学学校で教師を勤める傍ら，グローバリズムとローカリズムを研究中．

参考文献

本書作成にあたり，拙著『英語・フランス語どちらも話せる(基礎エクササイズ篇)』『英語がわかればフランス語はできる！』『英仏これは似ている！ 英仏基本構文 100 ＋ 95』(いずれも駿河台出版社) ならびに編著 Japonais-Français Français-Japonais Japonais, Assimil-Kernerman の他，以下の書籍を参照．学恩に感謝いたします．

Oxford Hachette French dictionary, Oxford University Press, 2007
Mon grand dictionnaire français-anglais, Deux coqs d'or, 1954
Dictionnaire des histoires drôles, Fayard, 1973
Advanced French Grammar, Cambridge University Press, 1999
French made easy, Beginners / Intermediate, Hachette, 1991
『小学館ロベール仏和大辞典』，小学館, 1988
『対訳 21 世紀を生きる君たちへ』，朝日出版社, 2010

[バイリンガル叢書]
英語・フランス語どちらも話せる！
増強エクササイズ篇　MP3 CD-ROM 付

2015 年 6 月 12 日　初版発行
2018 年 4 月 24 日　3 刷発行

著者	久松 健一
ナレーション	日本語： Hisamatsu Ken'ichi
	英語：　 Paula Yamamoto
	仏語：　 Michel Gonçalves
DTP	ユーピー工芸
印刷・製本	日経印刷株式会社
MP3 CD-ROM 制作	株式会社 中録新社
発行	株式会社 駿河台出版社
	〒101-0062 東京都千代田区神田駿河台 3-7
	TEL 03-3291-1676 / FAX 03-3291-1675
	http://www.e-surugadai.com
発行人	井田 洋二

許可なしに転載、複製することを禁じます。落丁本、乱丁本はお取り替えいたします。

© HISAMATSU Ken'ichi 2015　Printed in Japan
ISBN　978-4-411-00538-0　C1085

JCOPY　<(社)出版者著作権管理機構 委託出版物>

本書の無断複写は、著作権法上での例外を除き、禁じられています。複写される場合は、そのつど事前に、(社)出版者著作権管理機構(電話 03-3513-6969、FAX 03-3513-6979、e-mail: info@jcopy.or.jp) の許諾を得てください。

駿河台出版社

文法書

ケータイ［万能］フランス語文法

文法項目をレベル別に区分けすることで学習者の負担を軽くした画期的文法書．解説も詳しく，入門から応用まで使い倒せる一冊．

久松 健一 著

B6 / 280pages / 本体 1,600 円 / ISBN 978-4-411-00476-5

ケータイ［万能］フランス語文法 実践講義ノート

『ケータイ［万能］フランス語文法』をベースに、文法項目をさらに詳しく解説．入門から中級・上級までこれ一冊で文法は完璧．

久松 健一 著

A5 / 472pages / 本体 2,500 円 / ISBN 978-4-411-00521-2

[増補改訂版] 新リュミエール ―フランス文法参考書―

仏文法参考書のロングセラー．初級文法のすべてを詳しく解説．発音，例文，主要な動詞活用を吹き込んだ MP3 CD-ROM 付き．

森本 英夫／三野 博司 著

A5 / 180pages / MP3 CD-ROM 付 / 本体 2,000 円 / ISBN 978-4-411-00532-8

入門書

はじめての超カンタンフランス語

フランス語の基本ポイントを，発音，基本単語，基本表現，基本フレーズ，基本動詞，基本会話の 6 つに分けて丁寧に解説．

塚越 敦子 著

A5 / 184pages / MP3 CD-ROM 付 / 赤シート付 / 本体 1,500 円
ISBN 978-4-411-00535-9

仏検対策　単語集・熟語集・動詞活用表

データ本位 でる順 仏検単語集　5級〜2級準備レベル

仏検対策単語集の決定版！ 豊富な派生語・類義語・同義語・反意語で無理なく語彙数を増やす！

久松 健一 著

新書 / 250pages / 本体 1,500 円 / ISBN 978-4-411-00501-4

〈仏検2級・3級対応〉 フランス語重要表現・熟語集

仏検受験に必須の「重要表現・熟語」や「前置詞」「語法」が効率的にまとめられています．フランス語の実力が確実に養える一冊．

久松 健一 著

B6 / 263pages / 本体 1,800 円 / ISBN 978-4-411-00470-3

暗記本位　フランス語動詞活用表

仏検でいちばん出題頻度の高い動詞は？ そんな疑問に答える一冊！ 動詞一覧表・オリジナル活用表・不定法早見表・練習問題付き．

久松 健一 著

親書 / 216pages / 本体 1,200 円 / ISBN 978-4-411-00467-3

仏検対策参考書

完全予想仏検シリーズ　冨田 正二 他著

- **2級** —筆記問題編—　B5 / 272pages / 本体2,600円 / ISBN 978-4-411-00493-2
- **2級** —書きとり問題・聞きとり問題編—　B5 / 92pages / CD付 / 本体2,000円 / ISBN 978-4-411-00498-7
- **準2級** —筆記問題編—　B5 / 196pages / 本体2,500円 / ISBN 978-4-411-00533-5
- **準2級** —書き取り問題・聞き取り問題編—　B5 / 96pages / MP3 CD-ROM付 / 本体2,000円 / ISBN 978-4-411-00534-2
- **3級** —筆記問題編—　B5 / 274pages / 本体2,200円 / ISBN 978-4-411-00515-1
- **3級** —聞き取り問題編—　B5 / 100pages / CD付 / 本体2,000円 / ISBN 978-4-411-00523-6
- **4級**　B5 / 224pages / CD付 / 本体2,600円 / ISBN 978-4-411-00512-0
- **5級**　B5 / 185pages / CD付 / 本体3,200円 / ISBN 978-4-411-00465-9

教えて仏検先生シリーズ　久松 健一 著

- **3級**　A5 / 252pages / CD付 / 本体2,000円 / ISBN 978-4-411-00516-8
- **4級**　A5 / 224pages / CD付 / 本体1,900円 / ISBN 978-4-411-00517-5
- **5級**　A5 / 200pages / CD付 / 本体1,800円 / ISBN 978-4-411-00518-2

徹底攻略仏検準2級 —これさえあればすべてわかる！—　塚越敦子／太原孝英／大場静枝／佐藤淳一 著

A5 / 本冊192pages＋別冊104pages / MP3 CD-ROM付 / 本体2,300円 / ISBN 978-4-411-00530-4